Kursbuch 214

Freund & Feind

Klimaneutral
Druckprodukt
ClimatePartner.com/12752-1803-1001

Zum Ausgleich für die entstandene CO_2-Emission bei der Produktion dieses Buches unterstützen wir die landesweite Bereitstellung von energieeffizienten Biomassekochöfen in Uganda. Die verbesserten Kochöfen verbrauchen erheblich weniger Brennmaterial und verringern so die Luftverschmutzung und die Umweltzerstörung, während gleichzeitig Treibhausgasemissionen eingespart werden.

Das Kursbuch erscheint viermal im Jahr.
Das Heft kostet einzeln € 16,–
Das Jahresabo (4 Ausgaben) kostet € 52,–
Im Internet: https://kursbuch.online

Kursbuch Kulturstiftung gGmbH
Miramar-Haus, Schopenstehl 15, 20095 Hamburg
Tel.: 0 40/39 80 83-0
V. i. S. d. P.: Peter Felixberger
Verleger: Sven Murmann

ISBN 978-3-96196-296-9
ISSN 0023-5652

Druck: Steinmeier GmbH & Co. KG, Deiningen
Printed in Germany

Zuschriften bitte per Mail an: kursbuch@kursbuch.online
Abonnenten-Service: abonnements@kursbuch.online
Pressevertrieb: PressUp GmbH, Wandsbeker Allee 1, 22041 Hamburg. www.pressup.de

Armin Nassehi

Editorial

Der Feind ist die höchste Steigerungsform des anderen, des Antipoden, des Gegners, des Gegenübers, des von mir selbst Unterschiedenen, des Negativen. Den Feind kennen wir vor allem aus der politischen und militärischen Sprache – er ist tatsächlich der unbedingte Gegner, und der Krieg ist wohl jene Form, die Feindschaft auf die Spitze treibt, weil sie die Zerstörung der anderen Seite zum Ziel hat und als Ausnahmefall gelten muss – selbst wenn man konzediert, dass es in der Weltgesellschaft so gut wie keine Phase gab und gibt, in der kein Krieg herrschte.

Der Feind als unbedingter Gegner ist zumindest in der öffentlichen Sprache des Politischen bis vor kurzem abhandengekommen. Man hat von Systemkonkurrenz gesprochen, selbst im Kalten Krieg wurde die andere Seite selten als Feind bezeichnet, wenn sie auch ganz offensichtlich die feindliche Seite war – und eben »kalt«, also durch Dialog, stabile Konfliktformen und wechselseitige Berechenbarkeit kaschiert wurde (von den »Stellvertreterkriege« genannten Auseinandersetzungen in anderen Weltregionen abgesehen). Spätestens mit der Auflösung des sogenannten Ostblocks ist der Feind tatsächlich abhandengekommen – nicht der Konkurrent, nicht der andere, nicht etwas zu Unterscheidendes, aber doch der Feind in seiner unbedingten Form.

Und mit der Auflösung des klassischen Ost-West-Gegensatzes ist zumindest im globalen Norden der Eindruck entstanden, dass ökonomische, kulturelle, mediale und auch reiseförmige Kooperationen Gegensätze, wenn nicht abgeschafft, so doch entdramatisiert haben. Das Zeitalter der Globalisierung sollte alle auf Augenhöhe bringen, soziologisch wurde der Kosmopolitismus und politisch und ökonomisch Wandel durch Handel ausgerufen. Und das war sicher nicht ganz falsch gedacht, denn schon die digitalen Medien haben die Perspektiven einerseits zusammenrücken lassen, andererseits aber auch auf vielfältigere Differenzen hingewiesen. Jedenfalls war diese Erfahrung, in der man sich zwar nicht wirklich einrichten konnte, weil sie viel unübersichtlicher war, durchaus positiv besetzt und hatte zumindest bei aller Differenz- und Konkurrenzerfahrung wenigstens latent impliziert, dass sich radikale Feindschaften womöglich überwinden ließen. Die »Eine Welt«, von der soziale Bewegungen in den 1970ern träumten, war noch lange nicht am Horizont, aber kurz dahinter.

Dass all das aber voreilig und ein allzu beschönigendes Bild gewesen sein könnte, ist nicht erst seit dem 24. Februar 2022 klar, sondern gibt auch Ereignissen Aufmerksamkeit, die diese zuvor nicht bekamen: die Annexion der Krim 2014, aber auch die expansiven Kriege an den Rändern Russlands. Überlagert wurde das auch durch eine andere Form von Feindschaft, die als Antipoden den islamistischen Terrorismus wahrnahm, der sich zum Teil der klassischen Form verfeindeter Staaten entzog (aber in den Reaktionsformen sich dann doch auf Staaten richtete, wie die Erfahrungen in Afghanistan und im Irak zeigen).

Lange Rede, kurze Konsequenz: Die Frage nach dem Feind und der Feindschaft ist kriegsförmig wieder auf der Tagesordnung – und das letztlich notgedrungen. Das Denken in Freund-Feind-Schemata tritt auf die Tagesordnung zurück, mit all seinen Untiefen, seinen Risiken, seinen normativen Implikationen und seinen Konsequenzen. Und es ist nicht der Krieg, der das Ergebnis des Freund-Feind-Schemas ist, sondern dieses ist eine unvermeidliche Konsequenz des Krieges vor unserer Haustür – was im Übrigen darauf verweist, wie sehr aufmerksamkeitsökonomische Fragen auch durch räumliche Nähe und Ferne bestimmt werden.

Ein *Kursbuch* über die Unterscheidung von Freunden und Feinden zu machen liegt also nahe. Die Beiträge beziehen sich durchaus auch auf die Konsequenzen des russischen Krieges gegen die Ukraine, aber nicht nur. Constanze Stelzenmüller stellt die gegenwärtigen Ereignisse in einen systematischen Zusammenhang mit Denklücken sicherheitspolitischer Überlegungen und Überzeugungen, die durch den russischen Angriff über den Haufen geworfen worden sind, und Herfried Münkler untersucht die historische und kategoriale Genese des Freund-Feind-Antagonismus.

Einen ganz anderen Zugang wählt der Biologe Josef H. Reichholf, der sowohl die Natur selbst als Feind im Blick hat, aber auch »feindliche« Antagonismen in der Natur in den Blick nimmt. Das biologische Wesen Mensch gehört in diese Reihe – und trotz allem formuliert Reichholf in einer positiven Grundstimmung: »Ob die Menschheit zur kosmischen Katastrophe wird und damit die Menschenzeit, das Anthropozän, erdgeschichtlich charakterisiert, sei dahingestellt. Warnende Anzeichen gibt es genug. Den Menschen als ›sapiens‹ zu bezeichnen, war voreilig. Aber möglich ist es, dass die Trennung von Freund und Feind überwunden, die Menschheit friedlicher und in ihrer Einwirkung auf den großen Rest der Natur moderater wird. Das ist zugegebenermaßen (m)ein ›biologischer Optimismus‹.«

Der Psychoanalytiker Timo Storck befasst sich mit inneren Bildern, die sich selbst unheimlich werden können und bisweilen antagonistisch geraten. Er kommt zu dem Schluss, dass nicht die Feinde Angst machen, sondern die Angst Feinde. Mein eigener Beitrag geht von einer Dreierkonstellation aus: vom vertrauten Antagonismus von Freund und Feind auf der einen Seite und dem Fremden auf der anderen.

In unserem Gespräch mit dem israelisch-deutschen Soziologen Natan Sznaider geht es um innere und äußere Antagonismen in Israel und auch darum, warum »der Jude« als die geradezu klassische Figur des inneren Feindes gelten kann. Sznaider macht sehr deutlich, wie sehr sich die Freund-Feind-Logik innerhalb und gegenüber Israel mit geostrategischen Veränderungen der Welt verschiebt.

Wir haben wieder Intermezzi gesammelt, und zwar zu der Frage: *Wer ist Ihr Lieblingsfeind?* Acht Autorinnen und Autoren geben dazu sehr unterschiedliche Antworten, nämlich Helene Bubrowski, Marco Herack, Nicole C. Karafyllis, Sven Murmann, Ulv Philipper, Haya Shulman, Peter Unfried und Michael Waidner.

Die Lagerfeuer, die Heike Littger diesmal durch Freundes- und Feindesland geführt haben, führen nach Gelnhausen, irgendwo nach Deutschland und Erding. Und Jan Schwochows Grafiken zeigen, wie unterschiedlich man unterschiedliche Formen der Hilfe für die Ukraine darstellen kann und welche Rankings dabei vergleichend herauskommen, wenn man die absoluten Zahlen mit Einwohnerzahlen oder Bruttoinlandsprodukt in Verbindung bringt. So rutscht dann zum Beispiel Estland in einem Fall vom 20. auf den ersten Platz.

Eine besondere Freude ist wieder das Islandtief von Berit Glanz, inzwischen das siebte. Diesmal geht es um die Bestimmung von Naturphänomenen durch Apps – und das nicht nur unter dem technischen oder dem taxonomischen Aspekt, sondern auch im Hinblick darauf, wie die Ergebnisse solcher Naturbeobachtung dazu beitragen können, ein Bewusstsein für besondere, für gefährdete oder für besonders interessante Formen aus der Natur zu entwickeln. Dass die Beobachtung in Island mit der Nordlichtbeobachtung beginnt (damit aber noch lange nicht endet), versteht sich fast von selbst.

Jan Schwochow

EINE QUELLE, ZWEI GRAFIKEN

Die Macht von Zahlen

Stellen wir uns vor, wir müssten uns von einem anderen Menschen 1000 Euro leihen. Natürlich empfinden wir finanzielle Hilfe unterschiedlich, konkret: wenn wir uns das Geld von einem guten Freund mit niedrigem Einkommen oder einem Multimillionär leihen würden. 1000 Euro haben einen unterschiedlichen Wert. Und nicht nur das. Selbst innerhalb der EU hat der Euro aufgrund der unterschiedlichen Kaufkraft in einzelnen Ländern einen anderen Wert. Beispiel: Bisher haben viele Länder die Ukraine beim Krieg gegen Russland unterstützt. Das Kiel Institut für Weltwirtschaft liefert dazu einigermaßen vergleichbare und seriöse Zahlen, die ich auf den folgenden beiden Seiten unterschiedlich gewichtet habe, sodass wir tatsächlich zu anderen Aussagen kommen – ohne die Form der Grafik zu verändern. Wenn wir also Länder miteinander vergleichen, sollten wir das jeweilige BIP eines Landes heranziehen. Auf diese Weise erhalten wir ein differenziertes Ranking der Unterstützerländer. Spitzenreiter Estland unterstützt die Ukraine mit einem Prozent seines BIP, während es in Deutschland nur 0,17 Prozent des BIP sind. Die Tabellen meiner Quelle liefern auch andere interessante Zahlen zu den ukrainischen Flüchtlingen, die nach Europa geflohen sind, dort registriert und aufgenommen wurden. Auch hier bietet uns die Quelle zwei unterschiedliche Werte: einmal die reine Zahl der Flüchtlinge und zum anderen die Anzahl der registrierten Flüchtlinge im Verhältnis zur Anzahl der Einwohner des Landes, welches die Flüchtlinge bei sich aufnimmt. Die Grafik auf der rechten Seite zeigt: Auch hier steht Estland wieder an erster Stelle. Denn auf hundert Estländer kommen fünf Flüchtlinge, während in Deutschland fünf Flüchtlinge auf 400 Einwohner verteilt sind. Die Belastung der ansässigen Bevölkerung ist also ganz unterschiedlich. In den Medien wird aber gerne berichtet, dass Deutschland ganz vorne bei der Unterstützung der Ukraine dabei ist. Tatsächlich bewegt sich Deutschand eher im vorderen Mittelfeld. Ändern wir unseren Blickwinkel: Meine Zahlenspiele sind aus Sicht der Ukraine tatsächlich uninteressant, denn dort ist man über jeden Dollar und Euro froh, mit dem die Ukraine finanziell, humanitär oder militärisch unterstützt wird. So gesehen leisten die USA, Kanada, das Vereinigte Königreich sowie Deutschland zwei Drittel aller Hilfen.

Hilfe für die Ukraine

Seit Beginn des Krieges im Februar 2022 mit Russland wurde die Ukraine von anderen Staaten mit rund 138 Milliarden Euro unterstützt. Mehr als die Hälfte der Mittel stammt aus den USA und Großbritannien. Deutschland liegt mit etwas mehr als sechs Milliarden Euro auf dem dritten Platz.

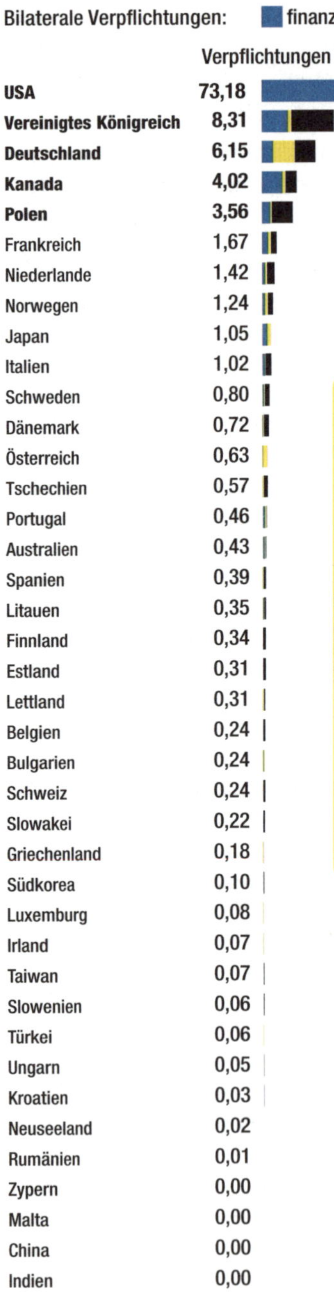

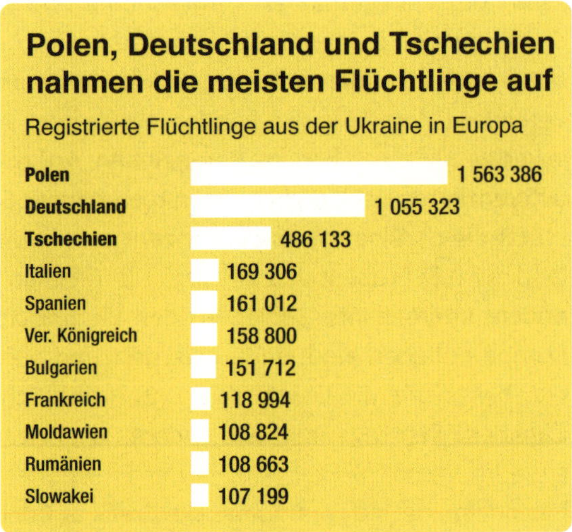

In der Ukraine lebten vor dem Krieg rund 44 Millionen Menschen. Laut Schätzungen des UN-Flüchtlingskommissariats haben rund 20 Millionen Menschen die Grenze aus der Ukraine infolge des Krieges und aufgrund der Angriffe des russischen Militärs im Lande überschritten.

In den Grenzländern der Ukraine und Mitgliedern des Flüchtlingshilfsplans wurde nur ein Viertel davon, etwa 5,5 Millionen individuelle Flüchtlinge, registriert.

Quellen: www.ifw-kiel.de: Ukraine Support Tracker, 9th release, Stand Januar 2023; UNHCR

Nachbarschaftshilfe

Seit Beginn des Krieges im Februar 2022 mit Russland unterstützten Polen und die baltischen Staaten Estland, Lettland und Litauen die Ukraine zusammen mit rund 4,5 Milliarden Euro. Umgerechnet auf die eigene Wirtschaftskraft führen die vier Länder die Tabelle der Unterstützer an. Deutschland liegt auf Platz 14 eher im Mittelfeld.

Bilaterale Verpflichtungen insgesamt, in Prozent vom BIP

Estland	**1,07**
Lettland	**0,98**
Litauen	**0,65**
Polen	**0,63**
USA	0,37
Bulgarien	0,36
Norwegen	0,36
Vereinigtes Königreich	0,32
Kanada	0,26
Tschechien	0,24
Slowakei	0,22
Dänemark	0,21
Portugal	0,21
Deutschland	0,17
Niederlande	0,16
Schweden	0,16
Österreich	0,15
Finnland	0,13
Slowenien	0,12
Luxemburg	0,11
Griechenland	0,10
Frankreich	0,07
Italien	0,06
Belgien	0,05
Kroatien	0,05
Ungarn	0,03
Spanien	0,03
Schweiz	0,03
Australien	0,03
Irland	0,02
Japan	0,02
Zypern	0,01
Malta	0,01
Neuseeland	0,01
Südkorea	0,01
Türkei	0,01
Taiwan	0,01
Rumänien	0,00
China	0,00
Indien	0,00

Polen, Moldawien und die drei baltischen Staaten leisten am meisten humanitäre Hilfe

Registrierte Flüchtlinge aus der Ukraine, umgerechnet auf den Anteil an der Bevölkerung des jeweiligen Staates, Angaben in Prozent

Estland	4,96
Tschechien	4,54
Moldawien	4,15
Polen	4,12
Litauen	2,63
Lettland	2,38
Bulgarien	2,19
Slowakei	1,96
Zypern	1,71
Irland	1,46
Deutschland	1,27

Im selben Zeitraum flüchteten rund 2,85 Millionen Menschen aus Russland in die Grenzländer und ließen sich dort registrieren.
In Russland leben rund 140 Millionen Menschen.

Quellen: www.ifw-kiel.de: Ukraine Support Tracker, 9th release, Stand Januar 2023; UNHCR

»Wenn wir untergehen, dann mit fliegenden Fahnen!«

Ein Gespräch mit dem israelischen Soziologen Natan Sznaider über ethnische und religiöse Defekte in Israel, über die momentane Gefahr eines Bürgerkriegs und die Dilemmata und Widersprüche in der politischen Machtpraxis.

Von Peter Felixberger und Armin Nassehi

»Momentan verlieren sie in den Umfragen, sie werden zurückrudern. Das ist unsere Hoffnung.«

Kursbuch: In den letzten 50 Jahren hat sich der westliche Blick auf Israel verändert. Vom Opfer zum Täter. Ursprünglich Heimstatt für diskriminierte, verfolgte und unterdrückte Juden. Heute Teil eines westlich-europäischen Imperialismus und Rassismus gegen Palästinenser und Araber. Sie schreiben: »Die Juden gehören nicht länger zur Gruppe der unterdrückten Minderheiten.« Warum kann Israel heute weltweit mit den Begriffen verurteilt werden, die sie einst als Opfer in Anspruch nehmen konnten?

Sznaider: Fangen wir mit dem Souveränitätsbegriff an. Der jüdische Blick war, übrigens auch in der Soziologie, ausgerichtet auf den Fremden und den »marginal man« (Robert Ezra Park). Die Juden, wenn man es hipper ausdrücken will, waren intern kolonisiert. Der Zionismus war eine Befreiungsbewegung für Leute, die nicht dazugehörten, die unterdrückt und diskriminiert waren, gleichzeitig war er aber auch eine nationale Befreiungsbewegung. So die Situation vor 1933. Nach dem Vernichtungskrieg gegen die europäischen Juden kam die Dringlichkeit dazu, einen eigenen Staat zu haben, der dann 1948 gegründet wurde. Und im europäischen Verständnis zunächst als ausgleichende Gerechtigkeit und Befreiung betrachtet wurde. Im israelischen Selbstverständnis als zwingende Antwort auf die versuchte Vernichtung.

Kursbuch: Und der arabische Blick auf den Zionismus?

Sznaider: Intellektuelle und Nichtintellektuelle haben dort von Anfang an den Zionismus als eine europäische Kolonialbewegung angesehen, was allerdings von den meisten Europäern und der europäischen Linken nicht geteilt wurde. Mit der Entkolonisierung in der arabischen Welt mussten die Juden in Algerien, Tunesien, Marokko oder Ägypten ihre Länder aus ethno-religiösen Gründen verlassen. Viele von ihnen sind nach Frankreich oder in das neu gegründete Israel gegangen. Damit wurde das zionistische israelische Projekt noch dringlicher. Zusammengefasst: Es gibt mehrere Ebenen in der

Betrachtung, den historischen Geschichtsverlauf, den Blick auf Israel, ob das Land ähnlich vorgehe wie die Kolonialmächte Frankreich oder Großbritannien oder ob etwas anderes dahintersteckt. Kolonialismus geht üblicherweise davon aus, dass ein Mutterland Menschen in die Welt schickt, um Kolonien zu bilden. In Israel war es umgekehrt: Die Kolonisierten gründeten ein Mutterland.

Kursbuch: Zeitsprung: 20 Jahre später. Wie hat die Studentenbewegung in Europa den Kolonialblick integriert?

Sznaider: Mit den Gebieten der israelischen Besatzung, die 1967 erobert wurden, verknüpfte sich die Kritik mit Begriffen wie Imperialismus und amerikanischer Imperialismus. Gerade in der deutschen Studentenbewegung Ende der 1960er- und Anfang der 1970er-Jahre. Ich habe das persönlich hautnah miterlebt. Geboren 1954, bin ich in Mannheim aufgewachsen. Auf dem Gymnasium habe ich die linken, antikolonialistischen Reaktionen und die ungeheuerlich negative Einstellung gegen Israel erlebt. 1972 in meinem vorletzten Jahr auf dem Gymnasium geschah das Attentat während der Olympiade in München. Ich habe gesehen, wie so viele in meinem Umfeld zu frohlocken begannen und die Ereignisse als antiimperialistische Befreiungstat betrachteten, während der Rabbiner von Mannheim uns gebeten hat, in der Synagoge für die Sicherheit der Athlet*innen zu beten, weshalb ich übrigens in meiner Schulklasse ziemlich angefeindet wurde. Da war für mich der symbolische Bruch mit dieser Linken, der ich mich vorher zugehörig fühlte, klar. Dann noch der Jom-Kippur-Krieg 1973. 1974 bin ich schließlich nach Israel ausgewandert. Sie merken, es spielen soziologisch-theoretische, historische und persönlich-biografische Beweggründe ineinander. Interessant aber ist, dass sich der arabische kolonialistische Blick, der mit der Staatsgründung Israels begann, inzwischen globalisiert und auch in der progressiv-europäischen Szene sehr verankert hat.

Kursbuch: Die Unterscheidung der Antipoden scheint einfachen Mustern zu folgen. Der Westen gegen die Kolonisierten, das Weiße gegen das Nichtweiße, kurzum: Es etabliert sich ein postkolonialer Blick, der etwas völlig anderes sieht als die Solidarität vorher. Einfache Dichotomien, mit denen man einordnen kann, wer die Guten und die Bösen sind. Was man im bürgerlichen Antisemitismus vor der Shoah auch schon erkennen kann. Man wollte bereits im 19. Jahrhundert jüdische Menschen in der Bevölkerung unterscheiden, obwohl man es real gar nicht tun konnte. Zum Beispiel die protestantisch getauften Juden im 19. Jahrhundert. Woher kommt diese Dichotomisierung?

Sznaider: Der Antisemitismus wäre ein anderer, wenn er gegen etwas Sichtbares laufen würde. Der Rassismus basiert immer als Blick auf das Sichtbare, während der Antisemitismus den Blick auf die unsichtbaren Unterschiede erzeugt. Es gab eigentlich nichts Deutscheres als die Juden, die sich in Deutschland assimiliert haben.

Kursbuch: Felix Mendelssohn Bartholdy zum Beispiel.

Sznaider: Wenn man Bilder von Juden in Deutschland vor 1933 betrachtet, kann man sie von nichtjüdischen Deutschen nicht unterscheiden. Die Nichtunterscheidbarkeit macht es eigentlich so bedrohlich. Das ist der springende Punkt. Der Antisemitismus ist ein Ressentiment gegen etwas Unsichtbares und muss daher konstruiert werden. Es wird ein Feind *out of nothing* konstruiert. Aber das ist auch zu einfach. Denn es gibt auch *something*. Es ist der Nachbar, der gar nicht anders aussieht. Und plötzlich ist man Jude oder Jüdin. Und gleichzeitig eben nicht plötzlich. Denn sie blieben eben Juden.

Kursbuch: Eine Ironie bestünde jetzt darin, dass die Anfeindungen gegenüber Israel etwas mit einer konstruierten Sichtbarkeit zu tun haben. Man kann postkolonialistisch nicht behaupten, dass Israel von der Bevölkerungsstruktur her ein weißes Projekt wäre.

Sznaider: Das stimmt, aber es ist nicht nur die Frage der Sichtbarkeit. Die Souveränität macht eigentlich das Jüdische wieder sichtbar. Der Anti-Antisemitismus, der immer noch an der Emanzipation der postfranzösischen Revolution festhält, behauptet, dass Juden genauso sind wie alle anderen. Isaiah Berlin soll einmal gesagt haben: »Jews are just like everyone else, only more so.« Wenn es stimmen würde, dass Juden genauso Menschen sind wie alle anderen, dann wären die Juden keine Juden mehr. Dann aber ist die Behauptung unlogisch. Das war auch das Dilemma der Juden im Deutschland vor dem Nazismus. Sie zogen sich an wie die Deutschen, sie sprachen wie die Deutschen, sie haben sogar Weihnachten gefeiert wie die Deutschen, aber sie sind trotzdem Juden geblieben, und es war ihnen selbst nicht klar, was das bedeutet. Bis ihnen die Nazis das später klargemacht haben. Nur so kann man Israel verstehen. Israel als das Projekt des jüdischen Staates, in dem 20 Prozent der Bürger Nichtjuden sind, definiert sich als jüdischer Staat mit einem sichtbaren politischen Judentum.

Kursbuch: Was passiert gerade mit diesem jüdischen Selbstverständnis?

Sznaider: Darüber ist ein Kampf ausgebrochen. Eine große Gruppe sagt, Israel sei ein westlich-liberaldemokratischer Staat. Die andere Seite behauptet, Israel entfremde sich von den jüdischen Traditionen. Diese Spannung zwischen jüdisch und demokratisch wird aus der Diaspora nach Israel geholt. Die einen sagen, Juden hätten Todfeinde und sind diesbezüglich als Juden definiert. In der jüdischen Tradition wird dieser Todfeind als *Amalek* bezeichnet, der das Jüdische auslöschen will. Es gibt folglich immer jemanden, der die Juden auslöschen will, also die Vorstellung, dass Judenhass eine ewige Konstante ist und dass Kritiker der israelischen Politik zugleich Feinde der Juden seien. Aber ich finde, dass ein souveräner Staat sich von solchen Ressentiments nicht mehr als nötig beeindrucken lassen sollte. Man kann das Spiel auch selbst bestimmen. Das ist die Definition von Souveränität. Das heißt, dass der souveräne Staat Israel diesen apokalyptischen Feind fast machiavellistisch umdeuten kann, indem er sagt, politische Feinde können auch zu politischen Freunden werden. Das geschah auch in der israelischen Geschichte. Dazu gehören Friedensverträge mit Ägypten oder die eventuelle Annäherung an Saudi-Arabien. Kurzum: Der Feind kann apokalyptisch oder politisch sein. Der Schmitt'sche Moment kann unterschiedlich geprägt werden. Sicher hat Israel Feinde und nicht nur Feindbilder. Das ist nicht der Punkt. Aber Feinde können auch politisch betrachtet werden, nicht nur apokalyptisch. Und es ist gerade dieses Freund-Feind-Denken, wo der Feind nicht politisch, sondern apokalyptisch verstanden wird, das ein rückwärtsgerichtetes Verständnis für die Zeit der Nichtsouveränität ausmacht.

Kursbuch: Der Schmitt'sche Moment kann auch heißen: Man muss den Feind nicht einmal hassen. Deshalb lässt er sich instrumentalisieren.

Sznaider: Es geht hier weniger um Instrumentalisierung als um virtuoses politisches Denken. Hier liegt auch das jüdische Dilemma begraben (im wahrsten Sinne des Wortes). Einerseits das Emanzipatorische kombiniert mit einer Staatsbürgerschaft, was aber nicht funktioniert hat. Das ist ja das Grundmotiv des Zionismus. Der Zionismus war anfangs eine Bewegung von assimilierten Juden, aber sie brauchten ein Mutterland. Das konnte aber nicht in Europa sein. So hat man ein eigenes Mutterland gesucht, das auf biblischen Prinzipen beruht. Der Zionismus begann eigentlich als eine antimessianische Bewegung, da er aktiv in die Geschichte eingriff und nicht auf die Erlösung oder das Kommen des Messias warten wollte. Andererseits konnte er sich nur auf die eigenen jüdischen Wurzeln berufen. Das Religiöse war immer im Hintergrund. Auch wenn die Staatsgründer säkulare Sozialisten waren.

Kursbuch: Interessant ist, dass Israel mittlerweile rassistisch verurteilt werden kann. Mittlerweile kann sogar von Gegnern behauptet werden, dass Israel Apartheidspolitik und Rassentrennung betreibe. So werden Ereignisse wie die Apartheidspolitik Südafrikas, der Völkermord in europäischen Kolonien, die Vernichtung der Juden in Europa ineinander nivelliert und in einem Atemzug mit der israelischen Besatzungspolitik genannt.

Sznaider: Es geht nicht um Rasse. Überdies ist die Apartheid ein semantischer Code, der sich aus der südafrikanischen Wirklichkeit gelöst hat und ein Begriff des internationalen Rechts geworden ist. In Israel gibt es keine Rassentrennung, sondern politische Trennung. Die israelische Besatzungspolitik ist unwidersprochen eine Politik der Unterdrückung. Das heißt auch, dass es in den besetzten Gebieten verschiedene Rechtssysteme gibt, ein Rechtssystem für jüdische Siedler und eines für die fast schon rechtlosen Palästinenser. Der Begriff der Apartheid vereinfacht und übersieht vieles, zum Beispiel die Anerkennung der arabischen Bevölkerung innerhalb der grünen Linien als israelische Staatsbürger*innen, die im Parlament vertreten sind. Aber für den politischen Aktivismus ist es ein griffiges Konzept. Dahinter steckt das Problem, dass Israel keine festen Grenzen hat und dadurch die radikale Kritik an der israelischen Besatzungspolitik möglich wird. So wandert der Begriff der Apartheid langsam in Israel in den politisch linken Mainstream. Das betrifft auch den Begriff des Siedlerkolonialismus. Es sind Codewörter für Entwicklungen, die man als politisch aufrechter und weltoffener Mensch ablehnt. Eine weitere Bedeutung ist die des Boykotts, der sich in einer Bewegung sammelt und konzentriert, um dem Zionismus als politischem Projekt der Ausübung jüdischer Souveränität etwas anzuhängen. Man muss allerdings klar und deutlich konstatieren, dass in Israel eine ethnische Gruppe Privilegien hat, die eine andere ethnische Gruppe eben nicht hat. Was wiederum Teil des Selbstverständnisses Israels als jüdischer Staat ist. Der Zionismus beruht auf Ungleichheit, und das steht quer zur Welt, in der momentan das Ideal der Gleichheit angestrebt wird. Dabei hat schon Alexis de Tocqueville gesagt, dass Gleichheit eine Leidenschaft sei, die nie befriedigt werden könne. Je gleicher Menschen sind, desto gleicher wollen sie sein. Wie eine Lust, die immer unbefriedigt sein wird. Das ist auch das Dilemma des Staates Israel, was auch den äußeren Blick auf Israel bestimmt. Einerseits die Ideologie der Gleichheit postulierend und andererseits ein Staatsverständnis exekutierend, das auf Ungleichheit beruht. Und diese wiederum damit begründet, dass man versucht hat, uns Juden kurz vor der Staatsgründung auszulöschen. Es glauben immer noch viele Juden, dass, wenn der Staat Israel vor dem Naziterror bereits existiert hätte, es nicht zur Shoah gekommen wäre. Deswegen sei diese Ungleichheit heute auch berechtigt: »Nie wieder wir«.

Kursbuch: In Deutschland gibt es den zynischen Satz, den manche Juden aussprechen: »Die Deutschen werden uns den Holocaust niemals verzeihen.« Offenbar kann man Israel immer darauf festlegen, gewissermaßen selbst das Opfer aller dieser erwähnten Kampfbegriffe zu sein und den Spiegel jetzt vorgehalten zu bekommen. Die Souveränität liegt hier außen. Darin liegt eigentlich die Tragik für Israel, dass es sich dagegen gar nicht wehren kann. Begriffe wie ethnische Säuberung und Vernichtung der Palästinenser sind längst kein Tabu mehr.

Sznaider: Das stimmt. Man bezahlt teuer für die Freiheit. Dazu gehört die Enttabuisierung von solchen Begrifflichkeiten. Israel hat sich nie als universales Projekt verstanden. Israel ist die partikulare jüdische Lösung für ein partikulares jüdisches Problem. Das israelische Projekt wehrt sich also per definitionem gegen die Universalisierung. »Nie wieder wir« und nicht »Nie wieder«. Es gibt das Rückkehrgesetz, wonach jeder Jude weltweit das Recht hat, nach Israel einzuwandern. Das ist kein universales Einwanderungsgesetz, aber für die Juden ist es selbstverständlich, dass es einen sicheren Hafen gibt, an dem jeder

Zuflucht suchen kann, falls nötig. Damit wird die Sichtbarkeit des Jüdischen in diesem Staat noch einmal manifestiert.

Kursbuch: Die postkoloniale Kritik von außen tritt natürlich als universalistische Kritik an, obwohl sie auch eine partikulare ist. Sie bricht die Shoah auf ein nächstes partikulares Verbrechen herunter. Wie kann sich die Idee eines jüdischen Staates als demokratischer Verfassungsstaat mit einer universalistischen Idee von Rechten mit der partikularen postkolonialen Kritik verständigen? Gibt es dafür in Israel Lösungsvorschläge?

Sznaider: Das ist genau der Bruch, den wir aktuell in Israel beobachten können. Die Demonstranten gehen für dieses demokratische, universale Projekt auf die Straße. Die momentane Regierung mit einer knappen Mehrheit im Parlament will hingegen durchregieren, sie will keine Gewaltenteilung, keine Ambiguität. Dahinter liegt die Frage der Selbstdefinition: Wer sind wir heute als Israelis? Sind wir dieser partikulare Gottesstaat, der von Gott legitimierte Macht ausübt? Da gibt es Leute in der Regierung, die das wirklich ernst meinen. Sie instrumentalisieren Politik für die Religion und nicht andersherum. Das säkulare Lager gerät dadurch unter Zugzwang. Was soll man sagen? Wir leben in einem Land, das Gott, an den wir nicht glauben, uns versprochen hat? Warum sind wir dann eigentlich in Israel? Da bleibt am Ende nur das Nachtasyl, wie es Theodor Herzl bezeichnet hat. Ein Platz, an dem man sicher und in Frieden leben kann. Das aber könne man auch in Nordrhein-Westfalen oder Island. Die Rechtspopulisten fordern hingegen eine jüdische Klarheit, was in einem radikal-faschistoiden Gottesstaat enden könnte. Deshalb sind die Demonstrationen auch so heftig. Obwohl klar ist: Sicherheit, freie Wissenschaft, Kunst und Wirtschaft können nur in einem liberaldemokratischen Milieu gedeihen. Aber auf das Jüdische in ihrem Selbstverständnis wollen die meisten Demonstrierenden auch nicht verzichten.

Kursbuch: Gleichzeitig ist das Messianische, das Religiöse immer da?

Sznaider: Natürlich. Das ist auch in der hebräischen Sprache festgelegt. Einer heiligen Sprache, die säkularisiert worden ist, aber auch umgekehrt, eine säkulare Sprache, die sakral aufgeladen wird. Mit Souveränität und Heiligkeit kreativ umzugehen ist Teil der politischen Virtuosität in Israel. Das heißt auch, dass man politisch virtuos mit dem politischen Feind umgeht. Und das heißt für Israel auch, dass die Demokratie nicht universal sein kann, sondern sich immer mit dem Religiösen auseinandersetzen muss.

Kursbuch: Gibt es überhaupt Ansätze der Versöhnung in Israel? Gibt es einen Dialog zwischen den Weltanschauungen? Oder setzt sich in den jeweiligen Echokammern die eigene Aufladung durch, mit der man dann die politische Herrschaft an sich reißen will?

Sznaider: Diese Gefahr besteht immer, am Ende kann es auch einen Bürgerkrieg geben. Im wahrsten Sinne des Wortes. So weit ist Israel noch nicht, aber eine bürgerkriegsähnliche Situation existiert schon. Der Minister für soziale Sicherheit will sogar seine eigene Miliz aufbauen, weil er glaubt, dass die Polizei nicht hart genug durchgreifen würde. Das ist ein gefährlicher Moment. Versöhnung ist nicht das richtige Wort. Die Frage ist die nach einem möglichen Kompromiss von sich gegenseitig ausschließenden Weltbetrachtungen. Deshalb sind die Demonstrationen so ungeheuer wichtig. Obwohl ich derzeit Fellow in Wien bin, fahre ich ständig hin. Ich möchte dort mit auf der Straße sein, weil man diese Regierung nur mit Gegenmacht und Gewalt überzeugen kann. Dieses Regime versteht eigentlich nur Gewalt. Als Liberaler muss man da umdenken. Mit Reden kann man sie nicht überzeugen. Wenn das nicht hilft, dann mit noch mehr Gewalt. Nicht im Sinne von Häuser abfackeln, sondern dass man nicht bereit ist, das hinzunehmen. Wir lassen uns das nicht gefallen. Und wenn wir untergehen, dann mit fliegenden Fahnen. Ich will mich mit denen nicht versöhnen. Die Emphase ist: Ich will sie dazu zwingen, denn überzeugen werde ich sie nicht.

Kursbuch: Oder die Emphase des Rechtsstaates: Wir wählen sie ab!

Sznaider: Deshalb haben wir derzeit Angst, dass sie die nächsten Wahlen zu verhindern versuchen. Dann wird es in der Tat zu einer revolutionären Bürgerkriegssituation kommen. Momentan verlieren sie in den Umfragen, sie werden zurückrudern. Das ist unsere Hoffnung.

Das Gespräch fand am 21. April 2023 per Zoom statt. Natan Sznaider in Wien, Armin Nassehi in München und Peter Felixberger in Erding.

Aktuelle Literatur:
Natan Sznaider: *Fluchtpunkte der Erinnerung. Über die Gegenwart von Holocaust und Kolonialismus*. 256 Seiten. München 2022.

Josef H. Reichholf

Mein biologischer Optimismus

Über das Ende des Feindbildes Natur

Cave canem

Damit warnten die alten Römer Fremde vor ihren gefährlichen Hunden, die sich ihren Besitzungen näherten. Jahrtausende davor schon wachte »der Menschen bester Freund«, verbellte Fremde und knurrte sie drohend an, so sie es wagten, näher zu kommen. Dieses Verhalten ist uns so geläufig, dass kaum jemals darüber nachgedacht wird, warum es so ist und weshalb die Sonderung von Freund (= vertraut) und Feind (= fremd) in der Hund-Mensch-Beziehung ganz von selbst zustande kommen konnte.

Die verhaltensbiologische Erklärung klingt einfach und überzeugend: Der Hund überträgt als Abkömmling des Wolfes dessen familiäres Gruppenverhalten auf die Menschen, bei denen er lebt. Er schafft sich gleichsam eine eigene Familie aus Personen, denen er sich zugehörig fühlt und die er unter Einsatz des eigenen Lebens bereit ist zu verteidigen. Doch diese Differenzierung von Freund und Feind fällt bei weitem nicht so klar aus, wie es sich begrifflich anhört. In subtiler Form bezieht der Hund ihm bekannt gewordene Personen mit ein, akzeptiert ihr Kommen, lässt sie passieren, achtet aber darauf, dass alles seine Richtigkeit hat, und spielt unter Umständen mit den Gästen. Zwischen zugehörig, vertraut und fremd entsteht ein Kontinuum. Scharf grenzt der Hund in der Regel nur die Menschen seiner Kernfamilie, die den Zugehörigen zum Wolfsrudel entsprechen, von den ganz Fremden ab. Manche mag der Hund einfach nicht, wie es heißt, ohne Genaueres zu kennen.

Er ähnelt damit uns Menschen und unseren Beziehungen, die vom intimen über distanziert freundlichen zum ablehnenden Verhalten reichen. Sogar jene für uns selbst oft rätselhaften Fälle treten auf, in denen der Hund fremden Personen regelrecht zuläuft und um ihre Gunst buhlt. Was uns bekanntlich auch widerfahren kann. Klar und scharf definiert sind »Freund« und »Feind« jedenfalls nicht, weder beim Hund noch bei uns Menschen, die das Hundeverhalten vielleicht einfach kopieren.

Wie es dazu kam, ist eine lange Geschichte voller Annahmen und mehr oder weniger plausibler Begründungen. Ziemlich sicher geschah die Hundwerdung von Wölfen nicht durch Zwang. Eher wahrscheinlich ist eine über große Zeiträume anhaltende Wechselwirkung, in der sich Wolfsrudel den in kleinen Gruppen als Jäger und Sammler lebenden Menschen angenähert und schließlich angeschlossen hatten. Eine Selbstdomestikation von Wölfen zu Anfang der Hundwerdung und danach eine gezielte Auslesezucht auf bestimmte Eigenschaften der »Hundwölfe«, wie sie formal genannt werden, die erst mit dem Sesshaftwerden der Menschen einsetzte, können nach gegenwärtigem Stand der Forschungen eine plausible Geschichte ergeben.

Nehmen wir an, sie ist in ihren Grundzügen richtig, dann wirft sie dennoch die tiefergehende Frage auf, weshalb sie überhaupt vor Zehntausenden von Jahren hatte anfangen können. Anders gefragt: Ist der Hund ein Sonderfall, ein Unikat, wie der Mensch selbst? Dies anzunehmen liegt nahe, empfiehlt es sich doch für alle Tiere nennenswerter Größe, also solchen, die uns wahrnehmen können, dem Prinzip zu folgen: *Cave hominem*. Denn die Menschen sind der Überfeind von allem Lebendigen, sogar für sich selbst. Er hat eine Angstlandschaft über die Tierwelt gelegt, eine *landscape of fear*, wie sie bezeichnet und wissenschaftlich erforscht wird. Menschen zu meiden ist das oberste Gebot für Tiere, die dieses zweibeinige Wesen erkennen können und in der Lage sind, darauf zu reagieren – mit Flucht. Vor Raubtieren, ihren (Fress-)Feinden, fliehen sie nicht annähernd so panisch, sondern versuchen, ihre aktuelle Gefährlichkeit einzuschätzen.

»Der Löw ist los …«

»… auf Markt und Straßen rund umher, ward's plötzlich still und menschenleer …«, so dichtete August J. C. F. Bernhardi Ende des 18. Jahrhunderts. Das »Geschehen« fantasierte er sich zusammen, wie so vieles über die Natur in der Epoche der deutschen Romantik ohne Kenntnis der Wirklichkeit erfühlt wurde. So manche Begegnung mit einem großen Hund hätte gefährlicher werden können als ein entlaufener Löwe aus dem Zoo, sofern dieser gut genährt gewesen war. Wo Löwen, respektive Tiger, Jaguare und dergleichen vorkommen, kämen die Menschen kaum auf die Idee, so ein Gedicht zu schreiben.

Oder Hysterien zu entwickeln, welche wir gegenwärtig mit der Rückkehr »der Wölfe« betrachten können; einiger weniger, verglichen mit den Millionen Hunden, die bei uns leben, Jahr um Jahr zigtausend Mal zubeißen und immer wieder Menschen töten. Dass die Peripherie Roms so viel weniger zivilisiert war als unsere Kulturlandschaft, ist krass diskriminierend. Aber Rom wurde ja bekanntlich von den Zwillingen Romulus und Remus gegründet, die eine Wölfin gesäugt und großgezogen hatte. Wir setzen Rotkäppchen und den bösen Wolf dagegen. Schon der den Wölfen nur entfernt verwandte katzengroße Fuchs wird schonungslos verfolgt wie ein Untier, das es auszurotten gälte. Auf dem Land, nicht so sehr oder kaum jemals in Großstädten. Deren Bevölkerung nimmt Füchse tolerant auf. Man erfreut sich an ihnen, wenn sie am helllichten Tage umherlaufen, auf den Straßenverkehr achten und Menschen erkennen, die ihnen wohlgesonnen sind und vielleicht etwas Leckeres mitgebracht haben. Mit dem Einwandern in die Großstädte überwand der Fuchs die Grenze zwischen extremer Verfolgung auf dem Land und fast liebevoller Toleranz im Burgfrieden der Stadtbevölkerung. Diese gönnt ihm das Mittagsschläfchen in der Hollywoodschaukel im Garten, mag das auch der Katze missfallen, die solche Plätze als ihr rechtmäßiges Privileg betrachtet.

Der Fuchs ist nur ein Beispiel für viele ähnliche, gleichwohl ein auffälliges, weil ein vertrauter Fuchs vor wenigen Jahrzehnten sehr wahrscheinlich ein kranker, ein tollwütiger gewesen wäre. Und damit eine echte Gefahr. Es dauerte ein Dritteljahrhundert, bis sich die Lage für den Fuchs bei uns änderte. Andere Tiere nutzten schon viel früher die Vorteile des Stadtlebens und der Menschennähe. Ihr Spektrum umfasst Dutzende Arten von Säugetieren und noch erheblich mehr aus der Vogelwelt. Sie alle lernten, mit den Menschen zu leben. Die Städte wurden artenreich; viel artenreicher als gleich große Flächen des Umlandes. Die große Grauzone zwischen Feind (= draußen) und Freund (= tief drinnen in der Stadt) bewohnt ein breites Spektrum von Tieren, von denen die wenigsten zu den überall bekämpften zählen, wie Ratten und Mäuse. Für sie blieb der Mensch ein Feind, so sie nicht für spezielle Zwecke gezüchtet wurden, etwa für die Erprobung von Medikamenten oder zur Feststellung der Folgen von Giften, insbesondere solchen, die synthetisch hergestellt wurden und nicht von Natur aus existierten. Dass dies aus Sicht der Laborratten und -mäuse eine höchst zweifelhafte Freundschaft ist, versteht sich von selbst. Für den Jainismus Indiens, in dem Ratten verehrt werden, ist hingegen ein solcher Missbrauch so ziemlich das moralisch Verwerflichste im Umgang mit Tieren. Immerhin werden auch bei uns alle möglichen Tiere gerettet, so sie in missliche Lagen geraten sind. Tierheime und das Engagement sehr vieler Menschen für Wildtiere drücken das hohe Maß an Tierliebe aus, das in den Städten herrscht.

Aber ist das nicht alles allzu menschlich? Hilflosen wird geholfen. Am Dasein frei lebender Tiere erfreut man sich in der Stadt. Tierschutzgesetze sollen sicherstellen, dass es im Umgang mit Tieren menschlich(er) zugeht. Was diese »dürfen« oder nicht und wie sie sich verhalten sollen, bleibt dabei die Bezugsgrundlage. Man nennt es Anthropozentrismus, zumindest in der Praxis, in der formaler Schutz schnell außer Kraft gesetzt werden kann, wenn Interessen einzelner Menschen betroffen sind. Ein in dieser Hinsicht eindeutiges Beispiel für den höchst zweideutigen Umgang mit geschützten Tieren hatte 2006 das regelrecht standrechtliche Erschießen des zum »Problembären« abqualifizierten Braunbären *Bruno* in den bayerischen Alpen geliefert.

Freundschaften enden schnell, Feindschaften halten lange. Jahrhundertelang, wie »Rotkäppchens böser Wolf« beweist. Begebenheiten in entlegenen Gebieten, die als Wildnis charakterisiert werden, weil »zivilisierte Gegenden« fern sind, stimmen nachdenklich. Etwa der Besuch von Löwen im Forschungslager von Delia und Mark Owen in der Kalahari. Die Löwen kamen nicht, sie zu fressen. Warum sie kamen, bleibt offen, weil sie es nicht mitteilen konnten. Offenbar aus Interesse und ohne »böse Absichten«. Sie beließen es auch nicht bei einem Besuch. Das Lager, die beiden Menschen und die Lage als solche fanden die Löwen »einfach attraktiv«, wie man es ausdrücken könnte. In gut nachbarschaftlichem Verhältnis, was räumlich ziemlich eng geworden war. Wären die Berichterstatter keine seriösen Forscher, sondern »nur« Laien, würde ihnen der Löwenbesuch nicht geglaubt werden: »Ich war ihr (der Löwin) so nah, dass ich ihr die Hand auf den Kopf hätte legen können.« – »Sassy, du Satansbraten, bist du's?«, flüsterte ich, schrieb Delia Owen über den Beginn der regelmäßigen Löwenbesuche im Lager. Sie taten ihnen nichts. Wo Löwen vorkommen und nicht mit allen Mitteln verfolgt werden, geschieht Ähnliches immer wieder. So auch in der Serengeti im ostafrikanischen Tansania, wo eine Löwin einer jungen Forscherin ruhig zuschaute, während sie sich neben dem Jeep sonnte. Dass Geparden auf Safariwagen springen, um vom erhöhten Dach aus ihren Blick übers Land schweifen zu lassen, dokumentieren Tausende Touristenfotos. Es muss sich also nicht um uns biologisch-verwandtschaftlich nahestehende Affen handeln, die uns Menschen aus eigenem Antrieb näher kommen, vielleicht weil sie Ähnlichkeiten erkennen. Viele andere Tiere können und tun dies auch. All diese Fälle betreffen uns Menschen jedoch direkt oder indirekt. Liegt also alles nur an uns, an unserer sonderlichen Besonderheit?

Gleich und Gleich gesellt sich gern …

… Verschiedenes mitunter auch. Beginnen wir damit. Wenn im Herbst die Kraniche ziehen, ist dies ein Naturschauspiel der besonderen Art. Dutzende bis Hunderte dieser großen, langhalsigen und langbeinigen Vögel streben wie von geheimnisvollen Kräften gezogen südwestwärts zu ihren Überwinterungsgebieten auf der Iberischen Halbinsel und in Nordafrika. Manche kommen aus den Weiten Nordwestrusslands. Sie haben schon eine Riesenstrecke hinter sich, wenn sie die norddeutsche Tiefebene erreichen. Müde geworden, geht nun mancher Schwarm irgendwo nieder, um zu ruhen und zu nächtigen. Meistens sind flach überschwemmte Gewässerufer das Ziel, da dort nachtsüber keine Gefahr droht. Nicht selten haben die Kraniche einfach nur Hunger.

Was dann geschieht, ist ein Lehrstück der Vergesellschaftung einander ganz fremder Tiere, die sich dank ihrer jeweils besonderen Fähigkeiten bestens ergänzen. Die Kraniche landen bei Rehen, die in Rudeln auf den weiten Feldflächen stehen. Schon beim Anflug haben sie die weitaus bessere Übersicht als diese; ein Vorteil beim rechtzeitigen Erkennen von Gefahr. Aber die Rehe verfügen über ein ungleich besseres Witterungsvermögen als die Kraniche. Sie riechen, ob sich ein Feind nähert. Bei der Nahrungswahl kommen sich beide Arten nicht in die Quere.

Die Vergesellschaftung hat nur Vorteile, bleibt aber flüchtig, wie die Kraniche als Zugvögel selbst. Das Erstaunliche ist, dass beide so extrem unterschiedliche Tiere irgendwie erkennen, dass sie zusammenpassen. Wären die Kraniche große Adler oder die Rehe schnelle Wölfe, ginge die Annäherung schief. So aber überlappen sich ihre »Bezugsfelder« zur Umwelt und schaffen eine günstige neue Beziehung. Sie werden Freunde für kurze Zeit. Solche Fälle sind selten. Beziehungen zwischen verschiedenen Arten gestalten sich in der weitaus überwiegenden Mehrzahl (sehr) einseitig. Die eine wird Nutznießer oder gar Parasit der anderen. Davon gleich mehr. Hier, wo es um lockere, kurzzeitige Vergesellschaftung geht, ist »Gleich und Gleich gesellt sich gern« die Regel. Artgenossen oder ihnen sehr ähnliche Angehörige einer anderen Art streben zusammen, weil sie in der Menge Schutz finden. Je größer diese ist, desto stärker sinkt das Risiko, selbst Angriffsziel eines Fressfeindes zu werden.

Anonyme Massen zu bilden ist ein im Grundsatz egoistisches und überlebensförderliches Verhalten, das mit »Freund« oder »Freundschaft« nichts zu tun hat. Musterbeispiele sind die Schwärme von Staren, wenn sie in brausenden Flugmanövern ihre Luftfeinde, Greifvögel, vertreiben oder gar zum Absturz bringen. Entsprechendes geschieht, wenn sich Säugetiere, wie die rinderartigen Gnus oder Gazellen afrikanischer Savannen, zu großen Gruppen zusammenscharen und gemeinsam im Jahreslauf wandern. Fischschwärme in Seen und Ozeanen bilden ähnliche Schicksalsgemeinschaften im breiten Raum zwischen Freund und Feind.

Der schieren Zahl nach überwiegen anonyme Assoziationen bei weitem die echt sozialen Bezugnahmen, die wir in die Begriffskategorie »Freund« einordnen könnten. Auch wirkliche Feinde sind der Zahl nach seltener als Massierungen von Individuen derselben Art. Feinde müssen sogar (beträchtlich) seltener als ihre Beute sein, von der sie leben, weil ansonsten die Nutzung – und ihr Erbeuten stellt eine solche dar – nicht nachhaltig wäre. Übernutzen sie die Beute, weil sie als Feinde zu effizient geworden sind, sterben die Opfer aus. Der zu übermächtige Feind wird dann von seiner Beute unter Umständen sogar ins Verderben gerissen, bevor diese so selten wird, dass sie ausstirbt. Ein »guter Feind« kann hingegen in tieferem Sinne zum »Freund« der Beute werden, indem er diese fit hält. Die scheinbar klaren Kategorien lösen sich auf, wenn man das Beutemachen natürlicher Fressfeinde als Nutzungssystem betrachtet. Wirkungen wirken über Rückwirkungen und stabilisieren solche Beziehungen. Wer sie streng klassifizieren möchte, sieht sich einem vertrackten Henne-Ei-Problem ausgesetzt. Je genauer man nachforscht, desto komplizierter werden die Verhältnisse.

Beziehungsprobleme

Kein Lebewesen lebt für sich allein. Sogar Bakterien, die sich schier endlos teilen und weiter vermehren können, wenn sie genügend Ressourcen in ihrer Umwelt dafür vorfinden, benötigen gelegentlich Partner für den genetischen Austausch. Schon diese allereinfachste Form von »sexueller Fortpflanzung« – unter Anführungszeichen, weil noch keine Differenzierung in weibliches und männliches Erbgut zugrunde liegt – setzt voraus, dass die für den Austausch von Genen passenden Bakterien einander als solche erkennen. Chemisch geschieht dies über Feinheiten der Struktur ihrer Außenfläche. Damit beginnt eine erste Differenzierung von Freund und Feind, denn die nicht Passenden zerstören häufig die Betroffenen.

Wir machen uns mit Antibiotika dies seit gut einem Jahrhundert gezielt zunutze. Für unseren Körper harmlose Bakterien bekämpfen die uns schädigenden, Krankheiten oder auch nur Entzündungen hervorrufenden Keime. Jedoch geschieht dies nicht so, wie wir es uns häufig zu stark vereinfacht vorstellen. Viele andere Bakterien oder einfach organisierte Pilze bleiben davon unbetroffen, weil sie unempfindlich sind für den antibiotischen Angriff. Was zumeist gut für uns ist, weil wir die bakteriellen Mitbewohner brauchen. Aber nicht immer geht das gut. Multiresistent gewordene Krankheitserreger begünstigt eine Antibiotikatherapie, anstatt sie zu vernichten. Bakterienfrei können wir nicht leben. Milliarden Mitbewohner unseres Körpers sind mikrobielle Freunde. Andere nutzen wir zur Ernährung. Durch bakterielle Gärung und Fermentierung verwandeln wir Rohstoffe in Lebensmittel. Die wichtigsten, je nach Sichtweise, sind Bierhefen, Sauerteig- und Sauerkraut-Bakterien.

Zu dieser grundlegenden Freund-Feind-Beziehung passt eine an sich ganz anders geartete, die sich in unserem Körper entfaltet, das Wirken unseres Immunsystems. Dieses erfasst alles Fremde und versucht, es unschädlich zu machen. Die Vorgänge laufen auf der molekularen Ebene ab. Sie betreffen eingedrungene Bakterien und andere kleine Fremdkörper, auch körpereigene. Alles, was nicht vom Körper selbst hergestellt wurde, ist grundsätzlich »Feind«, aber auch viele Eigenprodukte müssen als ansonsten schädlicher Abfall entsorgt werden. Das Immunsystem ist so großartig und komplex, dass wir es gar nicht hoch genug wertschätzen können. Doch gerade weil es so präzise zu unterscheiden hat zwischen »fremd« und »eigen«, ist es anfällig für Irrtümer und Fehlleistungen wie Autoimmunerkrankungen. Bei solchen greift es Produkte oder Teile des eigenen Körpers an, mit unter Umständen ganz üblen Folgen. Selbst und fremd nicht mehr richtig unterscheiden zu können gehört zum Fatalsten für komplexe Organismen und führt zu den besonders heimtückischen Krankheiten, die uns befallen können. Manche Formen davon erfassen sogar unser Denken, wenn Nervenzellen und Gehirn betroffen sind.

Wir wissen zwar, dass ein unzureichendes Training des Immunsystems im Säuglings- und Kleinkindalter die Entstehung von Allergien und damit von späteren Fehlreaktionen des Immunsystems begünstigt, zumal wenn zu viel unnatürliche Sauberkeit praktiziert wird. Zugrunde liegt ein Phänomen, das eine der ganz großen Leistungen der Evolution ist: Unsere Körperzellen müssen wie alle Zellen aller anderen Organismen, die »Körper« bilden, miteinander zurechtkommen. Sie dürfen einander nicht wie fremde (= feindliche) Zellen behandeln. Das klingt selbstverständlich, ist es aber nicht, wie die schrecklichsten, weil völlig unerwartet auftretenden Krankheiten zeigen, die als Krebs bezeichnet werden. Einzelne körpereigene Zellen lösen sich gleichsam aus der aufeinander abgestimmten Gemeinschaft, vermehren sich unkontrolliert, bilden Tochterkolonien (Metastasen) an anderen Orten und nehmen immer größere Anteile der Lebensenergie in Anspruch, bis der betroffene Organismus daran zugrunde geht. Bösartig verhalten sich Krebszellen, der Ausdruck besagt es treffend, obwohl sie eigentlich dem Urprogramm jeder Zelle folgen, sich zu vermehren. Der Feind sitzt beim Krebs im eigenen Körper. Er muss vernichtet werden, wie auch immer, sonst wird er tödlich. Die Vernichtung schadhafter Zellen im Körper geschieht indes permanent. Keine lebt so lange wie der ganze Organismus. Erneuerung ist ein ständiger Prozess. Dieser bedeutet Abbau von Zellen aller Organe und ihre Entsorgung. Sehen können wir dies auf der Haut, zumal nach kleinen Verletzungen. Etwas plakativ formuliert lässt sich feststellen, dass wir leben, sogar ziemlich lange für unsere Größe, verglichen etwa mit Elefanten, liegt am steten Sterben in unserem Körper. Dieses hält uns ungewöhnlich lange jung. Kein Hund, kein Pferd erreicht auch nur annähernd unsere durchschnittliche Lebenserwartung, mögen sie noch so gut und fürsorglich gehalten werden.

Freund-Feind-Grenzen?

Das beständige Sterben, das uns lange fit hält, lässt sich als grundlegender Vorgang der Innenwelt durchaus auf die Außenwelt übertragen, ob es uns gefällt oder nicht. Bei genauerer Betrachtung lösen sich dann die Abgrenzungen vollends auf. Versuchen wir die Ausweitung der Betrachtung auf eine ungewöhnliche, zugegebenermaßen schwer nachvollziehbare Weise. Dazu müssten wir den Körper, unseren, wie den Körper anderer Tiere oder auch Pflanzen, als das betrachten, was Körper sind, nämlich Zusammenschlüsse gleichartiger Zellen zu komplexen Funktionsgefügen.

Klingt kompliziert, ist es auch. Doch unser Leben beginnt mit einer (nur einer!) befruchteten Eizelle. Diese teilt und teilt sich, wird aber nicht zu einer sich vergrößernden Kugel, sondern formt sich zu einem Embryo mit den Anfangsstadien der Organe, die im späteren Leben gebraucht werden. Sie stimmen sich aufeinander ab, Zelle für Zelle, dass wir uns nicht wieder in die Milliarden von Zellen auflösen und erneut zusammensetzen können, aus denen wir bestehen. Manche Organismen sind dazu in der Lage. Man kann sie durch ein Sieb pressen und damit scheinbar zerstören. Doch die Masse der Einzelzellen strebt wieder zusammen und formt den lebensfähigen Schwamm, der nicht bloß ein Zellhaufen ist.

Immer noch (zu) weit entfernt vom Thema, ließe sich einwenden. Aber die Biologie lehrt uns, dass die Übergänge das eigentlich Besondere sind, nicht die fertigen Organismen allein und für sich. Es gibt weitere seltsame Zwischenzustände auf dem Entwicklungsweg zum komplexen Organismus, etwa bei Schleimpilzen. Sie leben lange Zelle für Zelle reichlich getrennt voneinander. Umweltreize veranlassen sie irgendwann, zusammenzukommen und recht komplizierte, nebenbei bemerkt durchaus sehr schöne Fruchtkörper auszubilden. Aus einer Vielzahl von Zellen wird innerhalb weniger Tage ein Organismus mit neuen Eigenschaften, insbesondere mit der Fähigkeit, sich fortzupflanzen. Danach löst er sich wieder auf.

Immer noch zu weit hergeholt? Dann nehmen wir die Honigbiene. Bekanntlich lebt sie in einem »Staat« mit einer unablässig Eier legenden Königin, die mitsamt ihrem Nachwuchs an Bienenlarven von Arbeiterinnen versorgt und als ein Gebilde am Leben erhalten wird, das einem Organismus stark ähnelt, aber getrennt bleibt in die einzelnen Bienen. Alle sind sie aufgrund eines besonderen genetischen Mechanismus näher untereinander verwandt, als die Arbeiterbienen dies zum eigenen Nachwuchs sein könnten, so sie einen solchen bekämen (was bei verwandten, nicht so hochgradig sozialen Wildbienen möglich ist). Sie arbeiten zusammen »zum Wohle des Staates«, wie es zwar vermenschlichend, aber dennoch ziemlich zutreffend ausgedrückt wird, sogar unter Einsatz und Aufgabe des eigenen Lebens. Zum Beispiel, wenn uns eine Biene sticht. Die Folge ist ihr Tod, auch wenn wir ihr nichts zuleide tun. Dass der Bienenstaat, ganz zutreffend wie ein eigenständiger Organismus »Bien« genannt, in vielen Funktionen einem komplexen Körper ähnelt, ist nicht abzuweisen. Dazu gehören, bestens erforscht bei den nahen Verwandten der Bienen, den Ameisen, auch regelrechte Kriege der Staaten untereinander sowie Sklavenhaltung und, gleichsam auf der positiven Seite, das Betreiben von Landwirtschaft über Errichtung und Pflege von Pilzgärten, Haltung von »Melkkühen« (Blatt- und Schildläuse) sowie das Erkennen der Zugehörigkeit zum eigenen »Volk« mit Bekämpfung anderer, auch wenn es sich um die gleiche Ameisenart handelt. Die Feinde können der eigenen Art angehören und werden oft sogar am stärksten bekämpft.

Feind-Beute – die armen Gejagten?

Die Beispiele sollten vor Augen führen, dass wir es mit einem Kontinuum zu tun haben, das sich kaum vernünftig in »Freund« und »Feind« untergliedern lässt. Das wird noch problematischer, weil unsichtbar, wenn wir das Geschehen in echten Feind-Beute-Verhältnissen betrachten. Die Rückkehr des Wolfes bietet sich als aktuelles Beispiel an. Wölfe ernährten sich allenfalls in der Fiktion des Paradieses von Gras, eine Vorstellung, die dieses jedoch entgegen der so grundlegenden Bedeutung der Pflanzen zum Nichtlebendigen degradieren würde. Unsinnig ist ganz entsprechend die unter Anglern übliche Differenzierung der Fische in Raub- und Friedfische, ebenso die jagdliche Einstufung von Tieren, die davon leben, andere als Räuber, als Raubtiere zu erbeuten. Da spricht noch mehr als bei den Anglern der Futterneid heraus, oder es wirkt das dumpfe Gefühl, beim jagdlichen Erbeuten (»Erlegen«) von Wildtieren der Waffe als Hilfsmittel zu bedürfen. Was verständlicherweise vonseiten des Tierschutzes heftige Ablehnung solcher (Freizeit-) Tätigkeiten hervorruft. Ist es doch kein Töten, um (selbst) zu leben, wie bei den Tieren, die »Beute machen« müssen.

Zu diesen gehören natürlich, weil das ihre Natur ist, so beliebte kleine Singvögel wie die Meisen. Sie erbeuten Raupen, Schmetterlinge und andere Insekten, füttern damit ihre Jungen und ernähren sich selbst davon. Und gelten, so sie häufig genug vorkommen, als »biologische Schädlingsbekämpfer«. Wie auch die Fledermäuse, die ansonsten durch ihre nächtliche Lebensweise mit dem geheimnisvollen Flug nach wie vor viel Aberglauben schüren. Womit wir wieder zum Wolf kommen. Wölfe jagen Rehe, aber auch die regional leichter zu erbeutenden Schafe oder andere Nutztiere passender Größe. Dass diese in völlig unnatürlichen Ansammlungen vorkommen, macht Wölfe zu Schädlingen, wenn sie sich an solchen Nutztieren vergreifen und diese »reißen«. In diesem Jargon kommt das alte Vorurteil aus der Zeit von Rotkäppchen und anderen Märchen zum Vorschein. Jäger »reißen« nicht, sie »erlegen«. Meisen dürfen den erbeuteten Faltern die Flügel ausreißen, ohne deswegen als

»Reißer« eingestuft zu werden. Unsere Schmusekatze »fängt« die Meise und spielt mit ihr wie mit einer Maus, ohne deswegen moralisch verdammt zu werden, zumindest nicht vom Großteil der Bevölkerung, die sich allein in Deutschland weit über zehn Millionen Stubentiger im Freigang hält. Hunde beißen Menschen und töten sie mitunter sogar. Sie sollen dies selbstverständlich nicht, bleiben aber, obwohl sie dies millionenfach Jahr für Jahr tun und Tausende Tote verursachen, »des Menschen bester Freund«. Vom »bösen Wolf« gibt es weltweit dagegen nicht einmal ein Tausendstel der Menge der Hunde. In Deutschland liegt das Verhältnis bei ungefähr zehntausend Hunden pro Wolf.

Das Thema ist fraglos vorbelastet. Von den Wölfen wird nahezu jeder »Riss« öffentlich gemacht. Bei Hundebissen mangelt es an verlässlichen Statistiken in den meisten deutschen Bundesländern. Um das Wirken der Wölfe auf die Bestände ihrer (natürlichen) Beutetiere wissen nur die in der Wolfsforschung Tätigen. Das »Feind-Beute-System«, vielfach immer noch als »Räuber-Beute-Beziehung« bezeichnet, wird im Bezug auf die jagdlich nutzbaren Wildtiere weitestgehend ausgeklammert. Es geht über einer im öffentlichen Bereich reichlich bedeutungslosen Grauzone kleinerer Tiere in die Schädlingsbekämpfung über. Die Jäger wollen sich von Wolf, Luchs & Co. nicht ins Handwerk pfuschen und ihre Vorstellung ausgewogener Tierbestände nicht relativieren lassen. Die Angler noch weniger, zumal wenn es um Kormorane, Reiher und andere von Fischen lebende Tiere geht, weil sie in großem Umfang Fische aussetzen, um sie alsbald wieder fangen zu können. Von »Feind-Beute-Systemen« wollen auch sie nichts wissen.

Die Landwirtschaft bekämpft seit Urzeit, was nicht zur erstrebten, nutzbaren Produktion beiträgt. Sie teilt die Welt der Tiere und Pflanzen von vornherein konsequent in Schädlinge beziehungsweise Unkraut und lässt allenfalls einige wenige Nützlinge gelten, wie »die Bienen«. Es ist daher nahezu hoffnungslos, mit biologisch-ökologischen Befunden zu argumentieren. Das »Feind-Beute-System« ist ein natürlicherweise selbstreguliertes System von Rück- und Wechselwirkungen, die sich der begrifflichen Zweiteilung in Freund-Feind oder nützlich-schädlich entziehen. Dass Wölfe Rehe erbeuten, käme mittel- und langfristig der Entwicklung der Rehbestände zugute. Unser gegenwärtiges Jagdsystem hält diese auf einer Höhe und in einer örtlichen Beständigkeit, die den Wäldern und ihrer notwendigen Anpassung an den Klimawandel nicht zuträglich ist. Die Wölfe würden »Dynamik« hineinbringen, so man sie ließe, und auch die Häufigkeit von Wildunfällen im Straßenverkehr vermindern, wenn das Wild nicht länger gezwungen wäre, bei Nacht und Nebel über die Straßen hinaus auf die Fluren zu wechseln. Tiere, die es geschafft haben, in die Großstädte einzudringen und in dieser Menschenwelt zu leben, zeigen mit normaler Aktivität am Tage, dass es durchaus auch anders ginge.

Wölfe und Luchse würden erkrankte und schwache Tiere erbeuten, die gesunde infizieren können. Und Häufigkeiten dynamisch regulieren, indem in Phasen starker Vermehrung bereits Jungtiere genutzt werden, bevor diese selbst zur Fortpflanzung gelangen. Das alles lässt sich wunderbar an Modellen in Computern durchrechnen, aber findet kaum jemals in der Praxis statt, weil zu viele Interessen dagegenstehen. Diese verstärken die Dichotomie »Feind-Freund«, wo sie von Natur aus nicht oder nur schwach gegeben wäre, weil jedes Lebewesen danach trachtet, zu überleben. Auch das Gras und andere Pflanzen tun dies mit der Entwicklung von schlecht schmeckenden oder giftig wirkenden Abwehrstoffen.

»Freund-Feind« ist eine Kategorisierung, die unser Denken erschafft und darin Vorverurteilungen verpackt.

Symbiose als Synthese

Unser Denken funktioniert unter anderem über Begriffe. Unsere Empfindungen entstehen aus Gefühlen. Mit dieser grundlegenden, gleichwohl nicht absolut notwendigen Trennung ist der Weg zu allen weiteren Dichotomien vorbestimmt worden. Ob »gut-schlecht«, »hell-dunkel«, »groß-klein«, überall nutzen wir den darin verborgenen Komparativ für wertende Urteile. Dabei wissen wir, dass es dieses »Entweder-oder« nicht gibt, sondern Spektren kontinuierlicher Übergänge zu mehr oder weniger ausgeprägten Endbereichen. Das ist bei »Freund-Feind« nicht anders. Aber in dieser Spaltung stecken besonders viele emotionale Vorurteile. Befindlichkeiten drücken sich aus, keine rationalen Befunde. Sie beinhalten Problem und Lösung zugleich.

Versuchen wir uns einer solchen über einen kleinen Umweg zu nähern. In unserer neuen digitalen Welt zerlegen wir nahezu alles für die Bearbeitung in Computern Erfassbare in die kleinstmögliche Trennung in »1« und »0«. So unbegreiflich bis absurd dies für viele Menschen, für die große Mehrheit gewiss, auch wirken mag, so wirksam hat sich die Digitalisierung erwiesen. Einer ihrer großen Vorteile besteht darin, verschiedenste Szenarien, sprich vorstellbare Möglichkeiten, durchspielbar zu machen, ohne sie alle in natura ausprobieren zu müssen. Darin gleichen die Computerleistungen dem vorausschauenden Denken des menschlichen Gehirns. Wir können uns sehr viel Vorstellbares plausibel machen, ohne die Erfahrungen machen zu müssen. Wir tun gut daran, Probleme »zu Ende zu denken«. Gemeint ist, weiter zu denken als nur vom Hier und Jetzt bis zum Sofort.

Eine solche Vorgehensweise wird jedoch außerhalb globalpolitischer Machenschaften eher selten praktiziert, und wenn doch, eher insgeheim im Verborgenen umgesetzt. Dann gilt, dass »der Feind meines Feindes mein Freund ist«. Dieser Ansatz zieht wenigstens eine dritte Seite mit ins Kalkül. Für die Beurteilung von Vorgängen in der Natur sind allerdings noch mehr »Seiten« vonnöten, weil die Beziehungen oft höchst komplex sind. Für eine Entdeckung unserer Zeit wurde recht treffend eine neue Bezeichnung geprägt: Wood Wide Web. Im Waldboden, aber nicht nur in diesem, erzeugen Pilze ein riesiges Geflecht, das die Bäume und viele andere Pflanzen über ihr Wurzelwerk miteinander verbindet und in Austausch von Stoffen hält. Kein Baum steht und existiert für sich allein. Wer immer schon das Gefühl (sic!) hatte, dass der Wald mehr ist als eine Ansammlung von Bäumen, sieht sich bestätigt. Wie wir aber damit umgehen sollen, zu unser aller Langzeitnutzen und nicht bloß für kurzfristige Gewinne, ist höchst umstritten. Die Dichotomie Freund-Feind feiert sogleich fröhliche Urständ. Die Waldnutzer sowohl privater als auch staatsforstlicher Art halten das WoodWW für günstigstenfalls eine interessante, gleichwohl aber reichlich akademische Entdeckung, weil sie jetzt oder demnächst Wertschöpfung betreiben wollen, mögen die Bäume und die Waldschützer darüber »stöhnen«, wie sie wollen.

Stadt, Land, Synthese

Doch außerhalb des Waldes spielt sich in der Stadt-Land-Beziehung etwas ab, das genau diese alte Trennung zu überbrücken versucht. Stadt- und Land-Bevölkerung müssen einander partnerschaftlich begreifen und eine für beide förderliche Weiterentwicklung in Gang setzen, die zur Symbiose führt und den derzeitigen Zustand parasitischer Ausnutzung beendet. Ziel ist es, die Vorteile für beide Seiten zu optimieren, die Nachteile aber möglichst zu minimieren. Für die Wälder und ihre Nutzung steht ein solcher Wechsel zur Symbiose besonders dringend an, weil die klimatischen Veränderungen zum Handeln zwingen, bevor noch größere Waldflächen zugrunde gehen, da die Bäume nicht zu den Standorten passen und bei Nachpflanzungen die alten Fehler, wieder unter Verwendung öffentlicher Mittel, erneut gemacht werden. Die Borkenkäfer, die Fichten schädigen, sind nicht erst in unserer Zeit entstanden. Auch Stürme tobten früher nicht minder. Lange Trockenzeiten gab es ebenfalls. Treten solche Naturwirkungen in den kommenden Jahrzehnten vermehrt und verstärkt auf, ist ein »Weiter so« gewiss nicht vernünftig. Eine Abwälzung der Schäden auf die Allgemeinheit ist nicht hinnehmbar, wenn deren Interessen nicht gebührend berücksichtigt werden. Dass dies in besonders bedeutsamem Umfang auch für die politischen Parteien gilt, ist ebenso selbstverständlich, wie es eine Illusion bleiben wird, dass man gerade dort die Symbiose verantwortungsvoll umsetzt.

Und wenn nicht, was geschieht in Wald und Flur, Stadt und Land, bei Tieren, Pflanzen und bei den Mikroben auf und in uns? Es kommt zu Umwälzungen ganz im Sinne des altgriechischen Wortsinns Katastrophe. Je mehr Dichotomien geschaffen, verteidigt und fortgeführt werden, desto häufiger und umso größer werden die Katastrophen. Im Prozess der Evolution, der als großes Spiel des Lebens auf den Bühnen der Zeiten zu verstehen ist, bewirkt eine Unzahl kleiner, für sich unbedeutender Katastrophen, dass es über lange Zeiträume zu keinen großen, wirklich zerstörerischen kommt. Solche verursachten im Wesentlichen Einschläge großer Meteoriten. Ob die Menschheit zur kosmischen Katastrophe wird und damit die Menschenzeit, das Anthropozän, erdgeschichtlich charakterisiert, sei dahingestellt. Warnende Anzeichen gibt es genug. Den Menschen als »sapiens« zu bezeichnen, war voreilig. Aber möglich ist es, dass die Trennung von Freund und Feind überwunden, die Menschheit friedlicher und in ihrer Einwirkung auf den großen Rest der Natur moderater wird. Das ist zugegebenermaßen (m)ein »biologischer Optimismus«.

Zitierte Literatur:

Jeannette Hanby: *Lions Share. The Story of a Serengeti Pride.* London 1983.

Mark und Delia Owens: *Der Ruf der Kalahari. Sieben Jahre unter Wildtieren im Herzen Afrikas.* München 1987.

Das Gute im Lieblingsfeind

Nicole C. Karafyllis

Die Frage erinnert mich an Westernfilme. Der Sheriff hat mit rivalisierenden Gangs zu kämpfen, und im finalen Duell steht er dann dem gewieftesten Gangster gegenüber. Das ist der Lieblingsfeind, auf den er lange gewartet hat – und den er erschießt. Er tötet ihn um der Gerechtigkeit willen und weil es an der Zeit ist. Entscheidend ist nicht die zahlenmäßige Überlegenheit, wie in der Redensart »Viel Feind, viel Ehr'«, sondern der Kampf zweier Individuen, die Gut und Böse verkörpern. Am Ende muss das Gute siegen.

Dennoch setzt die Frage nach dem Lieblingsfeind logisch voraus, dass man eine Auswahl an Feinden hat und – o Paradoxie! – dieser eine besonders ist. Aber wie? Eine Antwort liegt in der Betrachtung von Zeithorizont, Serialität und Feindseligkeit. Der Lieblingsfeind ist kein Feind aufgrund eines einmaligen negativen Vorfalls. Seine Kennzeichen sind die notorische Wiederholung beziehungsweise das Ansammeln immer neuer Vorfälle. Dabei schafft er es jedes Mal, sich der Bestrafung zu entziehen; etwa weil er sich nicht im Zuständigkeitsbereich des Sheriffs aufhält, gar außer Landes ist.

Mexiko ist durch den Western zum Symbol aller Lieblingsfeinde geworden: ein immer offenes Rückzugsgebiet, von wo aus man überraschend wieder auftauchen kann. Den Lieblingsfeind darf man also erwarten. Nur rechnen kann man mit ihm nicht. Womöglich macht ihn schon diese Unkalkulierbarkeit seines Erscheinens zum Feind. Für traditionelle Western ergab sich so die Drehbuchoption, viel Handlung unterzubringen, aber eher wenig Aufbau des Charakters zu betreiben. Gesteigert wurde diese Ignoranz dadurch, dass Feinde filmisch ohnehin keine Täter sein, also etwas verbrochen haben mussten. Es reichte aus, dass sie *da* waren, aber nicht wie die indigene Bevölkerung Nordamerikas als »Indianer«, die homogenisiert für eine alte Lebensform standen. Aus ihren Gruppen wurde im Western selten ein Feind im Singular generiert, etwa in Gestalt eines Indianerhäuptlings. So viel zum Imaginären.

Die Zuschreibung, *ein* Feind zu sein, zeugt von Anerkennung. Ist sie beim Lieblingsfeind reziprok? Das sich immer wieder Im-Konflikt-Begegnen wäre dann frei nach Fichte für beide Menschen ein Akt der Individualisierung und Selbstbewusstwerdung, wobei die Freiheit vom einen wiederholt zum moralischen Regelverstoß genutzt wird, vom anderen zu dessen befristeter Duldung. In dieser Interpretation mag der Lieblingsfeind eine Figur des Liberalismus sein, sofern er kein Outlaw ist. Duldung läuft allerdings Gefahr, einerseits mit Toleranz, andererseits mit Barmherzigkeit verwechselt zu werden; weshalb im Hintergrund die Frage nach der Natur des Verstoßes und seiner Ahndung steht und damit, ob es normativ um personale Gerechtigkeit geht oder um staatliche, wie im Fall des Sheriffs.

Wird die Frage nach der noch zu duldenden Grenze nicht beantwortet, kann der satisfaktionsfähige Lieblingsfeind zum gesichtslosen Mobber absinken und die Richtung der Relation umkehren. Beide sind gewaltbereite Serientäter. Der Mobber setzt seine Privatethik persönlicher Gerechtigkeit mit einem Rachefeldzug innerhalb der Regularien der Institution um, oft nach einer Kränkung.

Sie kann schon darin bestehen, an Pflichten erinnert worden zu sein. In Ansehung der Fehlbarkeit bestimmter Menschen – denjenigen, die er potenziell zu Feinden bestimmt – weist der Mobber die aristotelische Idee von Gerechtigkeit als einer menschlichen Tugend zurück und macht sie zu einer göttlichen Größe. Sich als Werkzeug Gottes zu überhöhen, wird so erst möglich; die für Mobbing typische Denunziation bekommt missionarischen Charakter, das Vorenthalten von Informationen wird geheimbündisch. Obwohl ein Mobber aufgrund seiner Charakterschwäche viele Feinde haben muss, denn er will sich stets überlegen fühlen, würde er nicht von seinem Lieblingsfeind sprechen – nur über ihn. Der Gemobbte hingegen kann nach einer neuerlichen Attacke, aufgrund derer er dumm dasteht und um Haltung bemüht ist, sarkastisch ausrufen: »Ah, mein Lieblingsfeind war wieder am Werk!« Er tut dann so, als hätte er sich den, der ihn zum Feind erwählt hat, vor langer Zeit selbst ausgesucht. So will er Macht über die Situation zurückerlangen. Performativ wirkt dies jedoch gönnerhaft, was den Eindruck der Blamage noch verstärkt.

Ein libanesisches Sprichwort sagt: »Tausend Feinde außerhalb des Hauses sind besser als einer im Haus.« Den später so genannten Lieblingsfeind hat man sich zwar nicht selbst ausgesucht, aber man hat ihm einst die Tür zum eigenen Haus aufgemacht; als man nichts von einer möglichen Feindschaft ahnte. Das Gute kann am Ende siegen, weil es am Anfang schon gesiegt hat.

Heike Littger

Lagerfeuer

Mitten durch Freundes- und Feindesland

Triggerwarnung: In diesem Beitrag wird das N-Wort explizit genannt.

Gelnhausen. Südlich vom heutigen Gewerbegebiet mit Rewe, Obi und Fressnapf muss es gewesen sein. Hundertprozentig sicher ist sich Danny Beuerbach nicht, welche Straßen alle dazugehörten. Dammstraße, Fischerweg, An der Pfingstweide. Viel Zeit ist vergangen – aber immer noch zu wenig. Wie eine Fessel liegt die Vergangenheit um seinen Fuß. So richtig kriegt er sie nicht zu fassen, aber da ist was, da war was.

Vor eineinhalb Jahren erhält Beuerbach einen Anruf von einem Karl-Heinz. Der Mann fragt nach seinem Vater, zu dem er selbst keinen Kontakt mehr hat. Sie kommen ins Plaudern. Auch über Beuerbachs Mutter, die inzwischen gestorben ist, und deren Mutter. Wie es so war, in Gelnhausen aufzuwachsen – vor allem in der »Assi-Siedlung Rote Erde, da kamen ja auch deine Leute her«. In der Kleinstadt zwischen Frankfurt am Main und Fulda gab es unten am Ufer der Kinzig ein Areal, das man nicht betreten sollte, feindliches Gebiet. Beuerbach selbst wohnte »auf der besseren Seite, am oberen Stadtrand« – doch Teile seiner Familie mütterlicherseits mussten tatsächlich eine Zeit lang in einer der Baracken gelebt haben. »So richtig wurde nie darüber gesprochen – und ich habe auch nicht gefragt. Als Kind hast du feine Antennen für Tabus.«

Nach dem Telefonat setzt er sich an den Computer. Tippt »Gelnhausen« und »Rote Erde« ein. Stößt auf eine Facebook-Gruppe, liest Kommentare wie: »als Kind hatte ich große Angst, dorthin zu gehen«, »mit den Schmuddelkindern durfte man nicht spielen« oder »es wurde immer gesagt, die Asozialen, die Verbrecher … aber so war das natürlich nicht, es gab so welche und so welche«, knüpft Kontakte, schreibt Mails, verabredet sich zu Gesprächen, die oftmals nur wenige Minuten dauern, warum Kamellen aufwärmen? Ein Anruf beim Stadtarchiv läuft ins Leere, doch im Netz findet er auf der Seite des Landesgeschichtlichen Informationssystems Hessen Fotos von der Siedlung in Schwarz-Weiß. Die Häuser darauf sehen aus wie die typischen Behelfsheime, die während und nach dem Zweiten Weltkrieg in ganz Deutschland hochgezogen wurden, um Ausgebombte und Binnengeflüchtete unterzubringen. Die meisten dieser Provisorien sind längst abgerissen oder so umgebaut, dass man nur noch mit geschultem Auge das Grundmaß erkennt. In der Regel vier auf fünf Meter für zwei Zimmer: wohnen, schlafen.

Mit vielen Fragen im Kopf wählt Beuerbach die Nummer von Karl-Heinz, die in der Anrufliste seines Handys gespeichert ist. Der antwortet, erzählt. Von den Baracken aus Blech, die nicht wie typische Behelfsheime extra gebaut wurden, sondern zum einstigen Truppenübungsplatz der Kommunistischen Partei gehörten, »deswegen auch Rote Erde«. Von Beuerbachs Urgroßeltern, die von Frankfurt in die Rote Erde 19 umgesiedelt wurden, Straßennamen gab es anfangs nicht. Von den Lehrern an der Grundschule, »Altnazis«, die die Kinder aus dem Viertel spätestens nach der ersten Klasse auf die Sonderschule schickten, weil »wer nichts mehr hat, auch nichts mehr wird«. Von der Perspektivlosigkeit unter den Jugendlichen, die ohne Aussicht auf einen ordentlichen Schulabschluss und eine Lehrstelle keine Zukunft sahen, »kein Betrieb wollte sich durch einen wie uns seinen Ruf ruinieren lassen«. Von Mutproben, Draufgängertum und kriminellen Karrieren, »wir wollten gesehen werden und mussten überleben«. Von Beuerbachs Mutter, die Karl-Heinz für ihre Stärke immer bewunderte, aufgrund ihrer dunkleren Hautfarbe – der Vater ein US-amerikanischer Soldat, Liebelei der Oma für eine Nacht – wurde sie gleich doppelt angefeindet: »Rote Erde-Balg und Negersau«[1].

Wenn Beuerbach mit Freunden und Bekannten spricht, merkt er, dass das Thema aus dem Bewusstsein verschwunden ist. Die wenigsten wissen mit dem Begriff »Behelfsheim« etwas anzufangen oder haben sich darüber Gedanken gemacht, was mit Deutschen passiert ist, die durch Bomben ihr Heim verloren haben und weder Geld noch Kontakte hatten, um an etwas Neues heranzukommen. Wie viele Menschen sind wie seine Verwandten von jetzt auf gleich von der Mitte der Gesellschaft an den äußersten Rand gerutscht und wurden von ihren eigenen Landsleuten zu Gesocks degradiert? Und inwiefern wirkt diese Erfahrung von Verlust und Ausgrenzung über Generationen hinweg weiter? »Es ist schwierig, darüber zu sprechen, selbst für uns Kriegsurenkel. Tätergesellschaft bleibt Tätergesellschaft.«

Aus Gelnhausen ist Beuerbach längst weg. Unter der Woche arbeitet er als Hairstylist in Münchner Salons, bei denen Frauen für Schnitt, Farbe und Styling schnell 350 Euro lassen. Am Wochenende tourt er als Vorlese-Friseur mit Teppich, Stuhl und Büchern durch Deutschland, Österreich und die Schweiz. Vor sechs Jahren hat er mit seinen Aktionen in Parks, Buchläden, Bibliotheken und Geflüchtetenheimen angefangen, bei denen er Kindern, die ihm vorlesen, einen Haarschnitt schenkt. Bis vor ein paar Monaten konnte er nicht genau erklären, warum er das eigentlich macht. Was lässt ihn auf Achse sein, um Kleinen eine Bühne zu bereiten? Und warum kommen ihm Tränen, wenn sich ein besonders schüchternes Kind irgendwann zaghaft aus der Menge löst, sich zu ihm gesellt, stockend anfängt zu lesen, Vertrauen fasst, immer flüssiger wird und sich danach unter Applaus und gefühlt einen Kopf größer zu den Zuschauern zurückgesellt. Heute sagt er: »Vielleicht der Schatten der Roten Erde«, der selbst sein Leben noch verdunkelt.

Auch wenn er beruflich erfolgreich ist und aufgrund seines Engagements in Talkshows sitzt, Auszeichnungen erhält und zusammen mit dem Ravensburger Verlag eine eigene Buchreihe für Erstleser herausgibt, ist da dieses tief sitzende Gefühl, nicht ganz dazuzugehören. Seine Familie hat Anfang der 1960er-Jahre den Sprung aus dem Viertel geschafft – und doch hat seine Mutter allein durch ihr Verhalten, ihr

Bemühtsein, »ja nicht aufzufallen oder gar anzuecken, uns Kinder spüren lassen, nicht gleichwertig zu sein und den Platz, den man sich erarbeitet, nicht wirklich zu verdienen«. Seinen Schwestern gehe es ähnlich. You can take the kids out of the ghetto but you can't take the ghetto out of the kids. Heißt es nicht so?

Sein Ziel: Fessel lösen. Damit »sich nicht auch noch die nächste Generation durch diese Scheiße quälen muss«. Seine Tochter ist zweieinhalb Jahre alt.

Irgendwo in Deutschland. Auf einem Feldweg, einer Waldlichtung, einem privaten Grundstück. Zwei gleich große Gruppen gehen aufeinander zu, am Rand stehen ein paar Typen, die das Geschehen mit ihrem Handy filmen oder rufen: Los, Jungs, macht schon, Gas geben jetzt. Danach folgen ein, zwei, vielleicht drei Minuten Vollkontakt. Alles ist erlaubt. Tieftritte, Schläge gegen Hals und Solarplexus, auf den Kopf springen, auch wenn der Gegner schon am Boden liegt. Pascal Schneider[2] ist seit mehreren Jahren bei solchen Ackerkämpfen von Fußball-Hooligans dabei, marschiert in erster Reihe, um die Ehre seines Vereins zu verteidigen und sich selbst Respekt zu verschaffen.

Schneiders Welt lässt sich schwer greifen. Er spricht nicht mit Leuten, die er nicht kennt – und wenn doch, ohne Details, die Rückschlüsse auf Personen oder Orte erlauben. Viel steht auf dem Spiel. Die Kämpfe, wenn auch fernab von Passanten und die Einzelheiten Wochen zuvor zwischen den Anführern der Gruppen besprochen – Treffpunkt, Anzahl, Alter, eventuell auch Härtegrad, »man will realistische Gegner« –, fallen unter den Tatbestand »Landfriedensbruch«, der mit bis zu drei Jahren Haft geahndet werden kann. Warum dennoch massenhaft Filme im Netz kursieren, mal mehr, mal weniger verpixelt? Letztlich müsse jeder selbst entscheiden, welches Risiko er eingehen möchte. »Viele Hooligans entsprechen tatsächlich dem landläufigen Bild: Mutter Alkoholikerin, Vater auf und davon, Schule abgebrochen, Gelegenheitsjobs. Doch mindestens genauso viele studieren oder haben bereits gut bezahlte Jobs, außerdem Frau, Kinder, Haus in bester Wohngegend.«

In die Szene ist Schneider über den Kampfsport reingerutscht. Kein ungewöhnlicher Start. Spätestens seit der EM 2016, bei der sich am Hafen von Marseille junge kampferprobte Russen mit mittelalten angetrunkenen Briten eine Straßenschlacht lieferten, hat auch der letzte verstanden: Die Szene vollzieht einen Wandel. Der Nachwuchs speist sich zunehmend aus (semi-)professionellen Kampfsportlern: Muay Thai, Kickboxen, vor allem Mixed Martial Arts. Auch Schneider steht mehrmals die Woche im Studio, »auftrainieren für den Kampf, anstatt sinnlos durch Kneipen ziehen und saufen«.

Schneider macht keinen Hehl daraus. Er bleibt seinem Verein treu, doch die Spiele an sich interessieren ihn nicht besonders, im Stadion lässt er sich vor allem blicken, wenn er »bei Hochrisikospielen Präsenz zeigen muss«. Ihm geht es um die körperliche Auseinandersetzung und das Adrenalin, das auf dem Acker in einem 7 gegen 7, 15 gegen 15 oder 80 gegen 80 »in deutlich höherer Menge« durch die Adern rauscht als im Ring mit Regelwerk, Schiri und Sanitäter. Auch Bungee-Jumping, Downhill-Biking oder Jet-Skiing sind für Schneider nur fader Ersatz, »für Menschen ohne Zugang mehr zu ihren Urinstinkten«. Abgewöhnt, wie dem Jagdhund das Jagen.

»Diese Verweichlichung« ist für Schneider ein Thema. Aus seiner Sicht führt sie eine Gesellschaft »direkt an den Abgrund, Gewalt und Brutalität nehmen nicht ab, sondern zu«. Der Grundstein dafür werde in Familien, Kindergärten und Schulen gelegt. »Jede Form von körperlicher Auseinandersetzung ist verboten und wird unterdrückt.« Raufen Kinder, um Konflikte untereinander auszutragen oder ihre Kräfte zu messen, »sitzen sie sofort in irgendeinem Stuhlkreis mit Sozialarbeiter, Psychologe oder Anti-Aggressionstrainer«. Die Message: Mit so einem Verhalten bewegt ihr euch außerhalb der Norm, manövriert euch ins gesellschaftliche Aus. Menschen sollen sich die Hand reichen, ohne zuvor die Erfahrung zu machen, wie es sich anfühlt und was es bedeutet, auszuteilen *und* einzustecken oder einzustecken *und* sich zu wehren. Durch die Schlagzeilen der vergangenen Wochen fühlt er sich bestätigt, Kinder greifen zu Messern und töten andere Kinder. Blind vor Wut, ohne jegliche Impulskontrolle. Und die Gesellschaft: »Steht verdattert da und reibt sich die Augen, wie konnte das nur passieren? ›Man müsse das Ganze jetzt untersuchen und noch mehr Präventionsarbeit leisten.‹ Wenn es kein Umdenken gibt, und dafür sehe ich keine Anzeichen, steuern wir auf Londoner Verhältnisse zu.« Die Stadt verzeichnet mehr Morde als New York, die Täter zunehmend minderjährig und mit Messern bewaffnet. Generation Knife Crime.

An seinen ersten Kampf kann er sich erinnern. Natürlich. Als er aus dem Auto stieg und die gegnerische Mannschaft sah, fragte er sich, was er auf dieser Wiese, viele Kilometer von seiner Heimatstadt entfernt, zu suchen hat. Alle Jungs größer und schwerer als er – und etliche Jahre älter als vereinbart, »kein feiner Zug, kommt aber vor«. Doch sobald sich seine Gruppe in Bewegung setzte, »ging das Hirn aus«. Kampfmaschinenmodus: den Gegner schnellstmöglich zu Boden bringen und treten, am besten auf Kinn oder Schläfe, bis man sich sicher ist, dass er keine Lust mehr hat, noch mal aufzustehen, dann zum nächsten. Im Grunde habe sich daran nicht viel geändert, außer dass die Angst über die Jahre abgenommen, die Routine zugenommen, die Taktik sich verfeinert hat. Der Lohn: ein Hochgefühl, das eine Woche lang anhält, selbst wenn man verloren hat. Als Feinde würde Schneider die wenigsten seiner Gegner bezeichnen. »Mit vielen Hooligans bin ich befreundet oder zolle ihnen zumindest Respekt.« Nicht selten gehe man nach dem Kampf zusammen noch feiern, stoße an auf den Kick, den man sich »gegenseitig geschenkt hat«.

Über Hooligans zu sprechen geht nicht ohne kurze Einordnung, das ist Schneider klar, es handelt sich hier nicht um Pfadfindertruppen. Die Szene ist international vernetzt, unterhält Kontakte zu anderen Subkulturen, auch kriminell und mafiös, steht politisch gesehen rechts, im Osten extremer als im Westen. Dennoch haben einige Leute, die mit Schneider in den Kampf ziehen, keinen deutschen Pass. Ihm gehe es nicht »stumpf« um *Refugees welcome* oder *Refugees go home* – »interessiert mich alles nicht«. Sondern vielmehr um die Frage, ob ein Mensch »stabil« ist. Stehst du für deine Mannschaft ein, wenn es hart auf hart kommt, oder machst du dich wortwörtlich vom Acker? Bleibst du gegenüber der Szene loyal, oder hängst du sie hin, sobald sich daraus persönliche Vorteile ergeben? Bist du wehrhaft, machst keine Schwächeren nieder, wenn du dich messen willst, kennst deinen Wert und deinen Platz? Schneiders Welt ist glasklar strukturiert in Oben und Unten, wichtig und weniger wichtig. Wenn er das Stadion betritt und »irgendwelche Fans oder Ultras« ihn nerven, »reicht ein Wort, um für Ruhe zu sorgen. Diese Stellung habe ich mir erarbeitet, von nichts kommt nichts, du musst abliefern – und zwar beständig auf hohem Niveau, sonst bist du weg oder musst zurück ins Glied.«

In der »normalen Welt« schaffen es aus seiner Sicht auch Blender auf Toppositionen und bleiben dort ohne adäquate Leistung hocken. Zudem seien die wenigsten Menschen »wirklich fähig, wahre Freundschaften einzugehen, was bedeutet: in guten wie in schlechten Zeiten.« Seine Karriere als Kämpfer wird irgendwann den Zenit erreicht haben. Und dennoch »kann ich mich darauf verlassen, dass es für mich – komme, was wolle – immer ein Sofa zum Schlafen geben wird. Nicht nur vorübergehend für zwei Wochen.«

Erding. Nur wenige Kilometer vom Marktplatz entfernt, auf einem Hügel im Osten der Stadt. Draußen auf der Straße spielen Kinder, drinnen im Hospiz bereiten sich Menschen auf den Tod vor. Der finale Endgegner hat sie nicht unerwartet aus dem Leben gekickt – Autounfall, Herzinfarkt –, sondern bittet in den Ring. Manchmal für eine Runde, manchmal für mehrere. Einige Verläufe sind dramatisch, man würde es sich für die Menschen anders wünschen, »doch so bleibt auch Zeit, sich zu verabschieden, und für Angehörige, Abschied zu nehmen.« Seit eineinhalb Jahren arbeitet Karin Leidenberger als Köchin im neu eröffneten Sophienhospiz und bereitet Gerichte zu, die sich die Patienten von ihr wünschen können. Erinnerungen an das gelebte Leben qua Geschmack. Noch einmal ein Lendensteak, *medium rare*. Weißen Spargel mit jungen Kartoffeln, Nussbutter und etwas krauser Petersilie. Eine Scheibe Leberkäse mit Spiegelei, das Eigelb flüssig, das Eiweiß an den Rändern kross.

Mehrere Jahre hat Leidenberger das einzige Biorestaurant der Stadt geführt, dass sie nun in dem weiß getünchten Gebäude am Sternweg schafft, hat sie nicht zuletzt einer Freundin zu verdanken. Die schickte ihr nicht nur den Link zu einer Fernsehsendung über eine Hospiz-Köchin mit der Frage: Ist es nicht das, was du eigentlich machen willst? Menschen mit nahrhafter Nahrung versorgen – ohne all die Risiken und marktwirtschaftlichen Abwägungen eines selbstständigen Gastronomen? Sondern auch Zeitungsbeiträge über den Bau eines neuen Erdinger Hospizes, das dank privater Stiftung und Invest von mehreren Millionen Euro schon von der Architektur her seinesgleichen sucht. Lichtdurchflutet, jedes der zwölf Patientenzimmer mit eigenem Zugang zum Garten, ausgerichtet gen Abendrot. Doch der Alltag ließ Leidenberger keine Minute, sich ernsthaft Gedanken zu machen – bis eines Tages ihr Telefon klingelte und die Heimleiterin sie bei der Suche nach einem geeigneten Koch um Hilfe bat: »Kennen Sie jemanden – am liebsten hätten wir natürlich Sie …« Gänsehautmoment, Entscheidung gefallen, Neuanfang mit Mitte 50. »Ja, ich kenne jemanden. Mich.«

Der erste Patient zog im Februar 2022 ein und blieb vier Monate. Normalerweise ist einem so viel Zeit zum Bekanntschaftschließen nicht vergönnt. Die durchschnittliche Verweildauer in einem Hospiz liegt bei drei Wochen, manchmal sind es nur wenige Tage. Das Wunschgericht des Mannes kannte Leidenberger nicht, sie musste es zu Hause in einem ihrer Kochbücher nachschlagen: *Scaloppine al limone*. Viele Male hatte er es auf Reisen nach Italien mit seiner Frau gegessen. Dünne Kalbfleischscheiben – mariniert mit Zitronensaft, Zitronenabrieb und Olivenöl – in einer schweren Pfanne scharf anbraten. Dazu eine Soße aus Bratansatz, Zitronenmarinade und Butter, Bandnudeln oder Weißbrot.

Inzwischen sind alle Zimmer mit Patient*innen belegt. Selbst wenn sie noch Appetit haben und schlucken können, äußern nicht alle einen Essenswunsch. Freuen sich stattdessen über das, was es gibt. Hier seine letzten Tage zu verbringen ist ein Privileg. Bundesweit gibt es laut der Deutschen Gesellschaft für Palliativmedizin 260 Hospize, gestorben wird vornehmlich im Krankenhaus oder zu Hause. Ist der Partner ebenfalls angeschlagen oder älter, kommt das Essen meist fix und fertig auf Rädern.

Kurz vor Ostern schmurgeln in einem Bräter Lammkeulen auf einem Bett aus Wurzelgemüse. Wer den Geschmack nicht mag, kann aus einem breiten Angebot an eingeweckten Gerichten wählen. In einem Kühlschrank im Lagerraum warten Schraubgläser mit selbst gekochten Suppen: Huhn, Kartoffel, Tomate, Spargel. Dazu Hirschgulasch, Rahmschwammerl, Pichelsteiner Eintopf, Milchreis, Grießbrei und Schokopudding aus der Tüte. »Dr. Oetker hat sich ins kollektive Geschmacksgedächtnis eingebrannt, dagegen komme ich mit einer selbst gemachten Version nicht an.« Was Leidenberger überrascht: Wie viel gegessen wird. Vor allem Fleisch in Form von Hackbällchen, Gulasch oder Rouladen, selbst Vegetarier essen auf ihren letzten Lebensmetern wieder Tiere.

Die Arbeit hat Leidenberger verändert, wenn vielleicht auch anders, als man erwarten könnte. Keine Bucketlist erstellt mit beliebten Klassikern wie Polarlichter sehen, aus einem Flugzeug springen. Stattdessen abends auf dem Sofa sitzen und hinaus in den Garten blicken. Oder sich mit ihren beiden WG-Genossen in der Küche treffen, um gemeinsam zu kochen, Zeit zu verbringen. Wertschätzen, was ist und wer wirklich im Leben zählt. »Nicht wenige Kontakte habe ich beendet«, Freundschaften, die keine Freundschaften sind. Früher hätte sie das nicht gekonnt. So klar Grenzen ziehen, sagen, was man nicht mehr möchte und möchte. Wie der Patient, der ihr gleich am ersten Tag mitteilte, wie er sich sein Frühstücksei wünscht, weil keine Zeit sei für höfliche Zurückhaltung und faule Kompromisse: viereinhalb Minuten gekocht, geschält und im Glas serviert, mit einer Prise Salz, wenig Pfeffer, geriebenem Muskat und süßem Paprika. Dazu eine Semmel, nicht aufgeschnitten, sondern im Ganzen, zumindest solange er das Messer noch selbst durch die Mitte führen kann.

Auch ihre Gedanken über den eigenen Abgang haben sich gedreht. Vor einem Jahr dachte sie noch: »Wenn es so weit ist, ist es so weit, keine lebensverlängernden Therapien.« Den Feind nicht bezwingen wollen, sondern gewähren lassen. Doch inzwischen ist sie sich nicht mehr so sicher, wie gut sie sich mit dem Tod anfreunden könnte. Gut leben und gut sterben, wie geht das?

Im Hospiz gleicht kein Abschied dem anderen. Manche Menschen wollen bloß keine Schmerzen und nehmen Nebenwirkungen von Opiaten in Kauf. Manche wollen Schmerzen lieber aushalten und dafür bei vollem Bewusstsein bleiben. Mache warten auf den Tod, lieber jetzt als morgen. Manche hoffen bis zum Schluss auf eine spontane Wendung, recherchieren nach neuen Studien und nicht zugelassenen Therapien oder setzen sich Termine, die sie noch erleben wollen: den 21. Geburtstag der Tochter, die Hochzeit des Sohnes, das alljährliche Grillfest des Sportvereins. An eine Patientin erinnert sich Leidenberger besonders. Auf ihrem Zimmer haben die beiden kurz vor ihrem Tod Nudelteig geknetet, so wie die 53-Jährige ihn immer für ihre beiden Kinder zubereitet hat. All ihre Kraft, ihr Wissen und ihre Erfahrung hat sie eingesetzt, um die richtige Konsistenz und am Ende das beste Ergebnis zu erzielen. Schön elastisch statt hart und trocken – und selbst traktiert von Nudelholz und brodelndem Wasser nicht den Biss verloren.

Welches Gericht sich Leidenberger selbst zum Abschied wünschen würde: Gemüsesuppe wie von Oma – mit Karotten, Kohlrabi, Lauch und Erbsen, frisch geerntet aus dem Garten. Doch weil selbst sie diesen Geschmack kaum noch hinbekommt, wäre es vermutlich Rindercarpaccio. Ohne viel dazu.

Anmerkungen

1 Die Autorin kommt dem ausdrücklichen Wunsch von Danny Beuerbach nach und schreibt an dieser Stelle das N-Wort aus: »Es geht um die Geschichte meiner Mutter in all ihrer Brutalität und Dramatik. Wir müssen besser differenzieren lernen: Wer ist Sender, wer Empfänger. Wann geht es um plumpe Reproduktion und Schutz vor Retraumatisierung, wann um bewusste Auseinandersetzung und wirkmächtige Konfrontation.«

2 Der Name wurde geändert.

Herfried Münkler

Was macht den Feind zum Feind? Und was den Freund zum Freund?

Eine kleine Typologiereise

Nach 1989/1990, dem Ende des Kalten Krieges, wollte man in Europa von Feind und Feindschaft nichts mehr hören. Und schon gar nicht wollte man Feind und Feindschaft als Begriffe des Politischen durchdenken. Wenn überhaupt, dann beschäftigte man sich mit Prozessen der Verfeindung, denen sich umgehend das Gegenprojekt einer Entfeindung beziehungsweise Befreundung gegenüberstellen ließ. Feindschaft, so legte die dekonstruktivistische Herangehensweise nahe, war ein ideologisches Konstrukt, das man ideologiekritisch sezieren und damit entschärfen konnte.

Das passte in den Entwurf einer Weltordnung, in der es zwar Konkurrenten, aber keine Feinde geben sollte. Konkurrenz wiederum wurde als Anreiz zur Selbstoptimierung angesehen und verwies damit auf einen selbst zurück. Man musste sich mit dem Konkurrenten nur unter dem Aspekt des Kompetitiven beschäftigen und konnte sich eine genauere Befassung mit dessen Motiven und Zielen ersparen. Das nämlich hätte dazu führen können, dass man bei ihm womöglich auf feindselige Absichten und Empfindungen gestoßen wäre – was zu Misstrauen gegenüber dem Konkurrenten geführt hätte. Misstrauen aber ist häufig der Anfang von Verfeindung, und das sollte im Ansatz verhindert werden.

Gegenüber Konkurrenten müssen – im Unterschied zu Feinden – deren Motive und Absichten nicht ergründet werden. Sie sind entweder von vornherein klar oder für die Austragung der Konkurrenz belanglos.

Hat man es mit Konkurrenten zu tun, genügt es, Regeln aufzustellen, an die sich alle zu halten haben. Ist das der Fall, so ist ein fairer Wettbewerb gewährleistet. Dementsprechend war (und ist) von einer »regelbasierten internationalen Ordnung« die Rede. Dabei wird das Völkerrecht als Herzstück der Regelordnung angesehen. So konnte man zu der Überzeugung gelangen, Feind und Feindschaft als elementare Bestandteile der politischen Welt hinter sich gelassen zu haben. Man musste deswegen keineswegs mit allen anderen befreundet sein. Ein verbindliches Regelwerk verhindert Feindschaft und dispensiert vom Zwang zur Feindschaft. Dennoch war auffällig, dass, je weniger von Feinden gesprochen wurde, umso häufiger von Freunden die Rede war. So gänzlich traute man der Regeltreue dann doch nicht. Also beschwor man die Verlässlichkeit der Verhältnisse durch einen hypertrophen Gebrauch des Freundschaftsbegriffs. Tatsächlich hatte man allen Grund, der Regeltreue der politischen Akteure zu misstrauen, denn in der Weltordnung gab es keinen, der für die Regeleinhaltung im globalen Rahmen sorgte. Eine überbordende Freundschaftssemantik lenkte von diesem Manko der Regelordnung ab.

Die in den Kultur- und Sozialwissenschaften verbreitete Vorstellung von der Verfeindung als Ursache der Feindschaft[1] orientiert sich an der in der Nationalismusforschung prominenten These Ernest Gellners, wonach der Nationalismus der Entstehung von Nationen vorausgehe.[2] Das lässt sich am deutschen Beispiel, aber auch an einer Reihe anderer mitteleuropäischer Natiogenesen bestätigen. Freilich muss die Idee der Nation, wie auch immer sie begründet sein mag, schon vorhanden sein, damit Nationalismus entstehen kann. Insofern muss es auch die Idee des Feindes, die Vorstellung von einem existenziellen Gegensatz, der gegebenenfalls auf Leben und Tod ausgetragen wird, geben, bevor Prozesse der Verfeindung in Gang kommen und »die Massen ergreifen« können.

Das wird im Konzept der Verfeindung als der Ursache von Feindschaft zumeist übersehen: Zumindest ein *Begriff* von Feind und Feindschaft muss vorhanden sein, damit Verfeindung ansetzen kann. Und vermutlich ist die Vorstellung des Feindes nicht nur auf den Begriff des

Feindes, sondern auch auf ein *Bild* des Feindes angewiesen. Verfeindung als Erklärung von Feindschaft greift also erst mit dem Beginn des Zeitalters der Massen, in dem es nicht mehr genügt, dass der Herrscher und seine Umgebung, die politische und intellektuelle Elite eines Herrschaftsverbandes, darüber entscheiden, wer der Feind ist und wie man sich seiner erwehrt, sondern größere Kreise der Bevölkerung diese Vorstellung teilen müssen. Derlei beginnt, was die europäische Staatengeschichte anbetrifft, mit der Französischen Revolution und greift in den napoleonischen Kriegen dann auf ganz Europa über.

Im Text der *Marseillaise* wird das besungen: »Allons enfants de la patrie, / le jour de gloire est arrivé! / Contre nous de la tyrannie, / L'éntendard sanglant est levé« – »Auf, auf, Kinder des Vaterlands! / Der Tag des Ruhmes ist da. / Gegen uns wurde der Tyrannei / Blutiges Banner erhoben. / Hört ihr im Land / Das Brüllen der grausamen Krieger? Sie kommen bis in eure Arme, / Eure Söhne, eure Gefährtinnen zu erwürgen!« Und später: »Heilige Liebe zum Vaterland, führe, stütze unsere rächenden Arme. / Freiheit, geliebte Freiheit. Kämpfe mit deinen Verteidigern! / Unter unseren Flaggen, damit der Sieg / Den Klängen der kräftigen Männer zur Hilfe eilt, / Damit deine sterbenden Feinde / Deinen Sieg und unseren Ruhm sehen!« Und zwei Jahrzehnte später in Reaktion darauf von der anderen Seite des Rheins Ernst Moritz Arndts Gedicht *Was ist des Deutschen Vaterland*, dessen vorletzte Strophe lautet: »Das ist des Deutschen Vaterland, / Wo Zorn vertilgt den wälschen Tand, / Wo jeder Franzmann heißet Feind, / Wo jeder Deutsche heißet Freund. / Das soll es seyn! / Das ganze Deutschland soll es seyn!«

Prozesse der Verfeindung, das zeigen die beiden Lieder, gingen dabei mit Prozessen der Befreundung – oder sollte es besser *Verfreundung* heißen? – Hand in Hand. In ihnen wurde ein narrativ wie ikonisch entworfenes Bild des Feindes popularisiert. Die ferneren Nachbarn wurden zu Feinden erklärt, die näheren Nachbarn dagegen zu Freunden.

Mit der politischen Verfeindung und Verfreundung ist eine Verschiebung von Macht und Einfluss verbunden: Wer Freund und wer Feind ist, gehört nicht mehr zum Arkanwissen der Herrschaftselite, sondern die Vorstellung von Freund und Feind wird »unter die Leute« gebracht, und dabei spielen politisierende Literaten und Intellektuelle eine herausgehobene Rolle. Sie prägen die Bilder von Freund und Feind in die Mentalität der Bevölkerung ein. Das hat politisch weitreichende Folgen, denn Mentalitäten sind, wie die französische »Annales«-Schule dies genannt hat, die »Gefängnisse der langen Dauer« – soll heißen: Sie ändern sich nur im Rhythmus der Generationenfolge. Die »Annales«-Historiker sprechen von 40 Jahren, was indes keine präzise Terminierung ist, sondern eine mythische Größe: 40 Jahre mussten die mit Moses aus Ägypten ausgezogenen Juden in der Wüste herumwandern, bevor sie das Gelobte Land betreten durften. Diese 40 Jahre stehen für den Mentalitätswandel, den das Volk in der Wüste durchlebt und durchlitten hat. Für die Frage der Verfeindung und Verfreundung ist das insoweit bedeutsam, als der Austausch der politischen Freunde und Feinde, der Wechsel der militärischen Bündnisse, nun dem Trägheitsmoment der Mentalität unterliegt. Hatten zuvor die Herrscher die Koalitionen nach Belieben und in einem solchen Tempo wechseln können, dass man kaum hinterherkam zu wissen, wer gerade Freund und wer Feind war, so verstetigten sich jetzt Freundschaften und Feindschaften. Die Spielräume der Politik büßten an bündnispolitischer Behändigkeit ein. Verfeindung, so lässt sich festhalten, hat zur Folge, dass das Feindbild verdauert und verfestigt wird. Solange es eine Sache der *Arcana imperii*, der Geheimnisse der Herrschaft, war, hat es sich, jedenfalls bei Kriegen innerhalb eines politikkulturell kohärenten Raumes, eher um *Gegner* gehandelt, mit denen man Kriege führte. Gegner ist der »gehegte« Feind, einer, den ich nicht hassen muss, wenn ich gegen ihn kämpfe. Aus Gegnern können schnell wieder Verbündete werden; dass aus Feinden Freunde werden, braucht hingegen Zeit.

Diese Veränderung lässt sich auch unabhängig vom Faktor Zeit beschreiben: Der Kriegstheoretiker Carl von Clausewitz hat in *Vom Kriege* zwischen »dem feindseligen Gefühl« und »der feindseligen Absicht« unterschieden, beides als »Elemente« des Kampfes zwischen Kontrahenten. Clausewitz wählt die »feindselige Absicht« als definitives Merkmal seiner Kriegsdefinition, denn sie sei die allgemeinere: »Man kann sich auch die roheste, an Instinkt grenzende Leidenschaft des Hasses nicht ohne feindliche Absicht denken, dagegen gibt es viele feindselige Absichten, die von gar keiner oder wenigstens von keiner vorherrschenden Feindschaft der Gefühle begleitet sind.«[3] Das will Clausewitz aber nicht so verstanden wissen, dass mit fortschreitender Aufklärung die Absichten die Oberhand gewinnen und die Gefühle in den Hintergrund treten, weswegen er ausdrücklich feststellt: »Auch die gebildetsten Völker können gegeneinander leidenschaftlich entbrennen.« Und: »Ist der Krieg ein Akt der Gewalt, so gehört er notwendig auch dem Gemüt an. Geht er nicht davon aus, so führt er doch darauf mehr oder weniger zurück, und dieses Mehr oder Weniger hängt nicht von dem Grade der Bildung, sondern von der Wichtigkeit und Dauer der feindseligen Interessen ab.«[4] Kommt das »feindselige Gefühl« ins Spiel, werden Gegner zu Feinden.

Dezidiert weist Clausewitz die Aufklärungsvorstellung zurück, wonach mit dem Fortschritt von Zivilisation und Bildung die Feindschaft zurücktrete und aus dem Krieg »eine Art Algebra des Handelns« werde, wie sie in der Schlachten vermeidenden Manöverstrategie als einer weithin unblutigen Form der Kriegführung ihren Niederschlag gefunden habe.[5] Danach werde, begleitend zur fortschreitenden Rationalität, Feindschaft in Gegnerschaft überführt, bei der man den Gegner von seiner Versorgungsbasis abschneidet, so zum Aufgeben zwingt und die Schlacht als »blutige Entscheidung« vermeidet. Implizit läuft diese aufklärerische Selbstverständigung darauf hinaus, dass Feindschaft eine Disposition unaufgeklärter Zeiten sei, in denen rohe und ungebildete Völker übereinander herfielen und sich gegenseitig massakrierten. Komplementär zur Vorstellung ideologiegetriebener Verfeindung haben wir es bei den Kriegsvorstellungen der Aufklärung also mit einem Konzept der Entfeindung zu tun, das auf einer Überwindung von Leidenschaft und Rohheit beruht; aus Feinden werden Gegner, die ihre Interessengegensätze eher nach Art eines Spiels als in Form des tödlichen Kampfes austragen. Clausewitz hielt diese Beschreibung für falsch und verweist zum Beleg dessen auf die napoleonischen Kriege, die um ein Vielfaches blutiger waren als die Kabinettskriege des 18. Jahrhunderts. Er definiert den Krieg demgemäß als »eine wunderliche Dreifaltigkeit, zusammengesetzt aus der ursprünglichen Gewaltsamkeit seines Elements, dem Hass und der Feindschaft, die wie ein *blinder Naturtrieb* anzusehen sind, aus dem Spiel der Wahrscheinlichkeiten und des Zufalls, die ihn zu einer *freien Seelentätigkeit* machen, und aus der untergeordneten Natur eines politischen Werkzeuges, wodurch er *dem bloßen Verstande* anheimfällt.« Hass und Feindschaft attribuiert er dem Volk und fügt hinzu: »Die Leidenschaften, welche im Krieg entbrennen sollen, müssen schon in den Völkern vorhanden sein«.[6] Je mehr die Völker ins Kriegsgeschehen involviert sind, desto stärker ausgeprägt ist die Feindschaft.

Ein sozioökonomischer Ansatz erklärt Feindschaft weniger aus der ideologischen Aufladung des Verhältnisses zu Fremden als aus dem Kampf um knappe Ressourcen, auf die Menschengruppen angewiesen sind und auf deren friedliche, weil einvernehmliche Verteilung sie sich nicht verständigen können, weil sie unterschiedliche Lebensweisen haben: Es geht um den Konflikt zwischen nomadisch lebenden Jägern und Sammlern mit sesshaften Ackerbauern und Viehzüchtern. Die Nomaden leben von der Hand in den Mund und sind infolgedessen hochbeweglich; sie müssen keine festen Positionen verteidigen und können jedem Kontrahenten ausweichen. Aber es gibt Zeiten, in denen die Nahrungsmittel knapp werden und Hunger herrscht, und dann ist es naheliegend, dass sie die Bauern und Viehzüchter überfallen und bei ihnen das rauben, wessen sie bedürfen. Die Landwirtschaft betreibenden Gesellschaften haben nämlich ein System der Bevorratung entwickelt, bei dem die Ernte gespeichert wird, um über karge Jahreszeiten hinwegzukommen. Bei ihnen gibt es für die Nomaden somit einiges zu holen. Die Bauern und Viehzüchter wiederum können nicht ausweichen, sondern müssen ihre Vorräte verteidigen und kämpfen, wenn sie nicht selbst in Not und Elend geraten wollen. Also bauen sie Mauern und Türme, um ihre Vorräte bei Überfällen besser verteidigen zu können. Sobald sich dieser Gegensatz von Raub und Verteidigung verstetigt, erwachsen daraus stabile Vorstellungen vom Feind, vor allem bei denen, die sich ein um das andere Mal verteidigen müssen, die mit Türmen und Mauern aufwendige Vorkehrungen treffen, um die Räuber abzuwehren, und die ein Bild des Feindes haben, in dem er als barbarisch, grausam und gierig gezeichnet ist. Mit einem solchen Feind kann man zu keinem Ausgleich kommen. Er ist der Feind par excellence, einer, der nicht anders kann, als Feind zu sein. Das ist der erste Typ von Feind und Feindschaft, der in der Geschichte der Menschheit auftritt. Um von ihm ein feststehendes Bild zu haben, bedarf es keiner ideologischen Verfeindung; wer Feind und wer Freund ist, wird bei jedem neuen Überfall evident. Und diese Überfälle wiederholen sich im Jahresrhythmus.

Die Entstehung stabiler Vorstellungen vom Feind erfolgte also nach der neolithischen Revolution, dem Aufkommen von Ackerbau und Viehzucht, womit es denen, die diesen Schritt gemacht hatten, nach vielen Rückschlägen und Enttäuschungen gelang, die Zeiten regelmäßig wiederkehrender Knappheit durch Mehrproduktion und Vorratswirtschaft zu überwinden. So wurden sie freilich zum Objekt der Begierde bei all denen, die diesen Schritt nicht gemacht hatten. Um sich dieser räuberischen Begierde zu erwehren, entwickelten die sesshaft Gewordenen Verteidigungssysteme, deren Bau einen Teil des erwirtschafteten Mehrprodukts verschlang. Derart folgenreiche Investitionen nimmt nur vor, wer ein klares Bild vom Feind und von Feindschaft hat, zumal einer Feindschaft, die nicht kontingent und okkasionell, sondern strukturell und repetitiv ist.

Doch die Vorstellung vom Feind blieb nicht eindeutig, und auch das Feindbild entwickelte sich nicht einsinnig dahin, dass der Feind prinzipiell als das Böse und Teuflische dargestellt wurde. Sicherlich gab es eine Ausmalung des Feindbildes in Verbindung mit religiösen Vorstellungen, in denen der Feind zum eschatologischen Widersacher, zu einer grundsätzlichen Infragestellung menschlichen Lebens, zumindest der eigenen Kultur, gesteigert wurde, zur Verkörperung des Widersinnigen schlechthin, sodass der Kampf gegen ihn zum Endkampf zwischen den Kräften des Guten und des Satanischen wurde. Man kann das als eine spezifische Art der Verfeindung bezeichnen, in der religiöse Vorstellungen die Aufgabe übernehmen, die in späterer Zeit den Ideologien zufallen sollte. Der Kampf um knappe Ressourcen wurde auf diese Weise sinnhaft ausstaffiert; er wurde so zu mehr als einem Raubzug oder einer Abwehr von Räubern, sondern zu einem Ringen kosmischen Ausmaßes. Die *Offenbarung des Johannes* zeigt, wie Widerstands- und Rachefantasien, die gegen das übermächtige Rom gerichtet waren, aus einem Unabhängigkeitskrieg und der Niederwerfung der Aufständischen durch römisches Militär ein kosmisches Ringen machten, in dem es nicht nur um Sein oder Nichtsein eines Volkes, sondern um das Schicksal der Welt, um den Endkampf zwischen dem Göttlichen und den satanischen Mächten ging.[7]

Es gab durchweg aber auch eine gegenläufige Entwicklung, bei der die Feinde zu Gegnern wurden, mit denen nach den Vorgaben einer heroischen Ethik um den Sieg gekämpft wurde. Hier kamen nicht prinzipiell Fremde als Feinde daher, sondern man kannte sich und stellte sich zum Kampf auf, um strittige Fragen mit Waffengewalt zu entscheiden – etwa die, ob die Trojaner die entführte Helena freiwillig zurückgaben und man die Angelegenheit danach auf sich beruhen lassen konnte oder ob um sie, von der es hieß, es sei die schönste aller Frauen, Krieg geführt werden musste. Bekanntlich kam es zum Krieg, doch der wurde, folgt man dem Bericht in Homers *Ilias*, zunächst nach den Regeln eines heroischen Ethos ausgetragen, das die Feinde zu Gegnern machte.

Als die auf entgegengesetzten Seiten kämpfenden Glaukon und Diomedes aufeinandertreffen und erkennen, dass ihre Großväter einst Gastfreunde waren, beenden sie für sich den Kampf, tauschen Waffen aus und suchen sich andere Gegner. Und als die Achaier zum Angriff auf die Mauern Trojas aufmarschieren, wird aus Sicht der auf diesen Mauern stehenden Trojaner beschrieben, mit welchen herausragenden Helden sie es zu tun bekommen. Man weiß um Ruhm und Ehre der Angreifer und denkt nicht daran, sie in den Dreck zu ziehen. Das hat einen guten Grund: Je ehrenhafter die Männer sind, denen man standhält, desto größer ist der eigene Ruhm: Einhegung von Feindschaft durch das Ethos des Heroischen.

Nur einer fällt aus dem Rahmen: Achill, der beste Vorkämpfer der Achaier, der sich nach einem Streit mit dem Oberbefehlshaber in einen Kampfstreik begeben hat, in dessen Verlauf er mit ansehen muss, wie sein bester Freund im Zweikampf mit Hektor, dem Vorkämpfer der Trojaner, den Tod findet. Jetzt stellt er Hektor zum Zweikampf, und nachdem er ihn getötet hat, bindet er dessen Körper an seinen Streitwagen und schleift ihn demonstrativ durch den Staub des Schlachtfelds, bis Hektors Leiche völlig entstellt ist. Achill hat seine Emotionen nicht im Griff; ein ums andere Mal lässt er sich zu Handlungen hinreißen, die er später bereut. Die Erzählung von Achill ist eine Analyse der Gefährdung ethischer Bindungen durch Wut und Zorn. Das Bemerkenswerte an Homers *Gedicht vom Krieg* ist,[8] dass sich der Zorn gegen Freund wie Feind richten kann: erst Kampfstreik, dann Gewaltexzess. Das Ethos des Helden soll die Krieger disziplinieren, sie im Kampf halten und zugleich Gewaltexzesse verhindern, also Verfeindung begrenzen. Das gelingt nicht immer. Der Widerstreit zwischen exzessiver Leidenschaft und Heldenethos durchzieht die Erzählung von Feindschaft und Verfeindung vom Anfang bis in die Gegenwart.

Auch in die Erzählung vom Auftritt der Helden spielt freilich das Motiv von Raub und Plünderung herein, vor allem dann, wenn es nicht (nur) um Vorräte und Schätze geht, sondern um Frauen, die zur Beute gemacht werden. Das ist nicht nur in der *Ilias* der Fall, aber hier in besonderer Weise: Zunächst die Entführung der Helena als erzählte Ursache des Krieges, sodann in der Umverteilung von bei Streifzügen der Achaier erbeuteten Frauen, bei der Achill sich zurückgesetzt fühlt, weswegen er in den Kampfstreik tritt, und schließlich in der – in der *Ilias* nicht mehr erzählten – großen Frauenerbeutung bei der Einnahme Trojas und der Aneignung der Frauen als Siegeszeichen. Die Trophäisierung der geraubten Frauen durch die Heroen wirkt als Mechanismus der Eskalation von Feindschaft: Dass der Kampf der Helden einer auf

Leben und Tod ist, bei dem keine Gefangenen gemacht werden, ist ein Bestandteil der heroischen Erzählung; dass, im Fall der Eroberung einer Burg oder Stadt, die Frauen dem Sieger gehören und die Kinder der Besiegten, jedenfalls die männlichen, getötet werden, dient der Auslöschung der Sippe. Wer in den Kampf der Heroen hineingeht, weiß, dass es ums Ganze geht. Der heroisch gehegte Zweikampf und der Auslöschungskrieg stehen in der Heldenerzählung unmittelbar nebeneinander. Die Regulation von Feindschaft durch Heroisierung ist eine durchweg ambige Angelegenheit. Der Frauenraub des Heldenzeitalters hat in der systematischen Vergewaltigung von Frauen der Unterlegenen bis heute seine Fortsetzung – als Demütigung und Zeichen der Unterwerfung und mit der Folge einer Perpetuierung von Feindschaft.

Mitunter hat es den Anschein, als sei zu Gegnerschaft gehegte Feindschaft eine Angelegenheit des Schlachtfelds und eskalatorische Verfeindung eine Sache der Etappe, der Intellektuellen und Schriftsteller, die fern der Front erklären, worum es in diesem Krieg geht und was der »Sinn der Feindschaft« sei.[9] Man kann das damit erklären, dass die Kämpfer und Soldaten damit beschäftigt sind, »sich ihrer Haut zu erwehren«, anzugreifen und abzuwehren und dabei zu überleben, sodass sie keine Zeit haben, über die Art ihrer Verfeindung mit dem Gegenüber und den Sinn von Feindschaft nachzudenken.

Auf den Tag und die Stunde des Kämpfens konzentriert, überlassen sie derlei den höheren Stäben und der Politik. Es lässt sich obendrein beobachten, dass sich gerade bei denen, die kämpfen, ein Respekt und eine Achtung für den Feind ausbildet, die ihn zum Gegner macht. Man befindet sich in derselben Situation, muss sich in ähnlicher Weise behaupten und fühlt sich den Kämpfern der anderen Seite oft näher als den Angehörigen in der Heimat, die keine Vorstellung vom Kämpfen und vom Krieg haben. Es gibt vor allem in der Literatur des Ersten Weltkriegs eine Reihe von Beispielen, dass sich Soldaten nach der Rückkehr vom Heimaturlaub im Kreise ihrer Kameraden wieder beheimatet fühlen, wohingegen sie sich zu Hause fremd gefühlt haben. Der Kampf mit dem Feind ist mit einem Mal das Vertraute, und der Aufenthalt bei den Vertrauten wird zum Ausflug ins Fremde, in das fremd Gewordene. Legt man Ernst Jüngers Kriegstagebuch und Thomas Manns Kriegsessays nebeneinander, so ist vom »Sinn der Feindschaft« vor allem bei Mann etwas zu erfahren, während Jüngers Aufzeichnungen sich im Praktizieren von Gegnerschaft erschöpfen.[10]

Das jeweilige Bild des Feindes, das auf dem Schlachtfeld entstandene und das abseits der Fronten kursierende, unterscheidet sich nicht zuletzt darin, dass ersteres sich auf symmetrische, letzteres sich auf asymmetrische Konstellationen bezieht. Für den Kämpfer im Krieg gibt es eine tendenzielle Gleichverteilung der Chancen, zu töten und getötet zu werden; für die Frauen, Kinder und Alten irgendwo im kriegführenden Land, in den Nachrichten unserer Zeit häufig als »unschuldige Zivilisten« bezeichnet, gilt das nicht: Sie sind, wenn Streifscharen über die Dörfer herfallen oder Bombenflugzeuge die Städte attackieren, wehrlose Opfer. Sie erleiden die Gewalt, ohne in der Lage zu sein, effektive Gegengewalt auszuüben. Als Faustregel gilt: Kann man sich des Feindes unter der Bedingung annähernder Waffengleichheit erwehren, bestehen Konstellationen der Reziprozität, so kann er zum Gegner werden, und die Feindschaft wird »gehegt«. An die Stelle des einstigen Heldenethos ist inzwischen weithin das Kriegsvölkerrecht getreten, hier insbesondere die Haager Landkriegsordnung; ist man dem Feind dagegen wehrlos ausgeliefert, zumal einem Feind, der die Restriktionen der Gewaltanwendung, wie sie in den Genfer Konventionen formuliert sind, nicht beachtet, wird er zum Barbaren und zum Monster als Extremvorstellung des Feindes. Der Krieg gegen solche Feinde bekommt häufig eine eschatologische Dimension.

Es kommt also nicht von ungefähr, dass der auf Schlachtfeldern und an Fronten ausgetragene *Große Krieg*, so blutig er auch sein mag, infolge der Reziprozität der Kämpfenden über eine Eskalationsbremse bei der Verfeindung qua Feindbildentwicklung verfügt, während der von Streifscharen und Partisanen geführte *Kleine Krieg*, der die Verwüstung des Landes und die Einschüchterung der Bevölkerung zum Ziel hat, zu ungebremster Verfeindung tendiert. Das gilt auch für den

Bombenkrieg, vor allem aber für den Bürgerkrieg. Der zwischenstaatliche Krieg lässt sich durch Ethos und Recht in Form bringen; beim innergesellschaftlichen Krieg ist das unmöglich. Deswegen lassen sich Kriege zwischen Staaten zumeist durch Waffenstillstand und Friedensschluss beenden, womit dann auch die Feindschaft beendet werden kann; bei Bürgerkriegen sowie zwischenstaatlichen Kriegen, in denen Gräuel stattgefunden haben, sind Friedensprozesse erforderlich, die sich über Jahre und Jahrzehnte hinziehen und bei denen stets fraglich bleibt, ob die Entfeindung tatsächlich belastbar ist. Man traut einander nicht, was heißt: Man traut dem Frieden nicht. Zu einem verlässlichen inneren Frieden ist hier ein langer Weg, und die »Verfreundung« der Bürger miteinander funktioniert am besten, wenn man mit der Verfassung ein Drittes ins Spiel bringt, wenn also aus Bürgerkriegsparteien ein Bund von »Verfassungsfreunden« tritt.[11]

Der Blick auf innergesellschaftliche Kriege, in denen ja nicht Fremde und Fremdheit dominieren – beides spielt in Carl Schmitts Beschäftigung mit dem Feind eine zentrale Rolle –,[12] zeigt Feindschaft als ein Nahverhältnis. Gerade *weil* man einander kennt und häufig miteinander zu tun hat, stellt man fest, was alles voneinander trennt und worin man anderen Werten und anderen »Göttern« folgt. Es können soziale und ethnische Unterschiede sein, die den inneren Feind markieren, aber vor allem sind es religiöse Unterschiede, aus denen unversöhnliche Feindschaft erwächst, nicht zuletzt deswegen, weil in diesem Fall der Kompromiss als Mittel der Konfliktschlichtung nicht greift. Im kollektiven Gedächtnis der Deutschen ist der Dreißigjährige Krieg, der freilich keineswegs nur ein Religionskonflikt war,[13] das Paradigma eines nicht enden wollenden Religionskrieges, aber auch Frankreich und England haben im 16. und 17. Jahrhundert innergesellschaftliche Kriege durchlitten, in denen soziale und machtpolitische Gegensätze durch religiöse Überzeugungen intensiviert wurden. Der religiös motivierte Bürgerkrieg steht dabei für einen *Gegensatz der Werte*, der neben der Verfeindung durch Feindbilder und dem sozioökonomischen Konflikt um die physische Reproduktion die dritte Quelle von Feindschaft ist. Max Weber hat diese Art von Feindschaft auf die sich immer wieder stellende »Wahl zwischen ›Gott‹ und ›Teufel‹« zurückgeführt.[14]

Burkhard Liebsch hat dies wie folgt präzisiert: »Demnach *sind* die Werte *a priori* verfeindet, und einer menschlichen Verfeindung, die eine Feindschaft erst zeitigte, bedarf es gar nicht. Wo die Menschen aus dem axiologischen Dämmerzustand ihrer Alltäglichkeit auftauchen, um sich über die Unvereinbarkeit ihrer Werte in Prozessen der Verfeindung klar zu werden, *realisieren* sie nur eine Feindschaft der Werte, die immer schon besteht und nur darauf wartet, theologisch oder diabologisch schematisiert zu werden.«[15] Der Zustand der Alltäglichkeit, so Webers Ausgangsüberlegung, sei durch einen »Polytheismus der Werte« gekennzeichnet, der auf Indifferenz und Vergleichgültigung beruhe, doch wenn, aus welchen Gründen auch immer, die Frage nach den letztverbindlichen Werten gestellt werde, würden »mit einem Schlag« die tiefen Werte-Gegensätze in der Gesellschaft sichtbar, und der »ewige Widerstreit der Werte« verwandele sich in einen gewaltsamen Konflikt. Dieser Widerstreit, so Weber, lasse sich nicht schlichten, sondern nur vergleichgültigen. Es ist somit die Selbstaufklärung einer Gesellschaft über sich selbst, die zu Bürgerfeindschaft führt, und es ist der Verzicht auf Nachfrage und Insistenz, die den inneren Frieden sichert. Folgt man Max Webers Diagnose der Werte-Tragik, dann ist Feindschaft ein existenzieller Begleiter der menschlichen Gesellschaften, und die Zeiten einer »Verfreundung« der Gesellschaftsangehörigen sind bestenfalls Folgen einer zeitweiligen Werte-Vergessenheit.

Es gibt neben dem »tragischen« Blick auf Freundschaft und Feindschaft freilich noch eine andere Perspektive auf die »Verfreundung« politischer Verbände, und das ist das Vorhandensein oder die Schaffung äußerer Feinde, die im Innern einer Gesellschaft gewährleisten, was man »Burgfrieden« nennt: Weil und solange der Feind vor den Toren steht, herrscht im Innern der von außen bedrohten Gesellschaft Frieden. Es ist eine konditionierte Freundschaft, die von der äußeren Bedrohung abhängt, die somit durchweg unzuverlässig ist. Das Wissen um diese Konditionierung hat zur Folge, dass die Vorstellung einer

»nützlichen Feindschaft« aufgekommen ist, die von der Politik entsprechend gepflegt wird.[16] Die Feindschaft, die im Innern der Gesellschaft nicht aufbrechen soll, wird unterdrückt, indem eine äußere Feindschaft gesucht und verdauert wird. Sie dient dazu, alle inneren Konfliktlinien so zuverlässig zu beruhigen und stillzustellen, dass man glauben könnte, im Innern des Staates herrsche Freundschaft – Staatsfreundschaft, Verfassungsfreundschaft, Bürgerfreundschaft. All das ist indessen nur ein Effekt der äußeren Feindschaft.

Über diese und ähnliche Fragen hat der Politiker und Politiktheoretiker Marcus Tullius Cicero auf dem Höhepunkt des römischen Bürgerkriegs in seinem Dialog *Laelius de amicitia* nachgedacht. Er ist dabei zu einem anderen Ergebnis gekommen als der Historiker Sallust, der in seiner Schrift *De coniuratione Catilinae* die Auffassung vertrat, die Zerstörung Karthagos sei die tiefere Ursache der römischen Bürgerkriege, der also den Wegfall des äußeren Feindes für die Verfeindung im Innern der Republik verantwortlich machte: Die Bedrohung von außen, so Sallust, habe über die Jahrhunderte des römischen Aufstiegs hinweg dafür gesorgt, dass im Innern des Staates Eintracht herrschte und die führenden Männer der Republik nach Ruhm und Ehre strebten und ein tugendhaftes Leben führten. »Als sich aber der Staat *(res publica)* durch ihre Anstrengung und Rechtlichkeit aufgeschwungen hatte, als mächtige Könige im Krieg bezwungen, wilde Stämme und große Völker gewaltsam unterjocht waren, Karthago, die Rivalin der römischen Macht, bis auf den Grund vernichtet war und nun alle Meere und Länder offenstanden, da begann das Schicksal zu wüten und alles durcheinanderzubringen. […], da wandelte sich die Bürgerschaft, und aus der gerechtesten und besten Herrschaft wurde eine grausame und unerträgliche«.[17] Wäre nur der äußere Feind erhalten geblieben, so Sallusts Resümee, wäre Rom einig und im inneren Frieden geblieben.

Cicero setzt hingegen andere Akzente: In dem Gespräch über Freundschaft und deren Bedeutung für die Politik, das er mit seinen Schwiegersöhnen führt, unterscheidet Laelius zwischen Lustfreundschaft, Nutzenfreundschaft und Tugendfreundschaft.[18] Cicero übernimmt diese

Dreigliederung aus Aristoteles' *Nikomachischer Ethik*, verändert aber gegenüber Aristoteles die Bewertung. Zunächst wollte Laelius über die ideale Freundschaft reden, die ihn mit den jüngeren Scipio, dem Zerstörer Karthagos, verbunden hatte, aber die Erinnerung daran wird durch den vergleichenden Blick auf die politische Gegenwart gestört, in der aus der Tugendfreundschaft ein System von Nutzenfreundschaften geworden sei, in der Freundschaftsnetzwerke zu einer Variante politischer Parteibildung geworden seien, die den Bürgerkrieg anfachten, intensivierten und ihn immer wieder neu anheizten. In Gestalt der Nutzenfreundschaft habe sich ein Geflecht von Gefälligkeiten und Vorteilsnahmen entwickelt, das die Republik korrumpiert und schließlich zugrunde gerichtet habe. Mit diesen Freundschaftskartellen sei es einigen Politikern – Cicero denkt hier vor allem an Caesar und Mark Anton – gelungen, sich den Staat zur Beute zu machen. Freundschaft ist in Ciceros *Laelius* also keineswegs ein durchgängig positiver Begriff, mit dem sich Frieden und Eintracht im Innern eines Staates begründen lassen, sondern Freundschaft kann, wenn sie zur Nutzenfreundschaft verkommen ist, ein Faktor von Feindschaft und Bürgerkrieg werden. In diesem Sinne ist Ciceros Freundschaftsdialog ein entschiedenes Plädoyer dafür, Begriffe nicht zu ihrem philosophisch ermittelten Nennwert zu nehmen, sondern in den jeweiligen politischen Kontext zu stellen, in dem sie verwendet werden und Wirkung zeitigen.

Anmerkungen

1 Paradigmatisch Kristin Platt: »Unter dem Zeichen des Skorpions. Feindmuster, Kriegsmuster und das Profil des Fremden«, in: Medardus Brehl/Kristin Platt (Hrsg.): *Feindschaft*. München 2003, S. 13–52.

2 Ernest Gellner: *Nations and Nationalism*, Oxford 1983, S. 19 ff. und 39 ff., sowie ders., *Nationalismus. Kultur und Macht*. Berlin 1999, S. 19 ff. und insbes. S. 103 ff.

3 Carl von Clausewitz, *Vom Kriege*, hrsg. von Werner Hahlweg. Bonn 1980 (19. Aufl.), S. 193.

4 Ebd.

5 Für die Strategie einer »unblutigen Kriegführung« sind die Schriften Heinrich Adam von Bülows typisch, die von Clausewitz entschieden kritisiert wurden; dazu Raymond Aron: *Clausewitz. Den Krieg denken*. Frankfurt am Main u. a. 1980, S. 75 ff. und S. 610 ff.

6 Carl von Clausewitz: *Vom Kriege*, S. 213.

7 Dazu Elaine Pagels: *Apokalypse. Das letzte Buch der Bibel wird entschlüsselt*. München 2013, insbes. S. 9–41.

8 Georg Peter Landmann: *Das Gedicht vom Krieg. Homers Ilias*. Heidelberg 1992, insbes. S. 56–96, sowie Caroline Alexander: *Der Krieg des Achill. Die Ilias und ihre Geschichte*. Berlin 2009, S. 55 ff. und 194 ff.

9 In dem *Vom Sinn der Feindschaft* betitelten Buch, hrsg. von Christian Geulen u. a., werden bezeichnenderweise nur Intellektuelle und Schriftsteller traktiert, nicht aber Tagebücher und Aufzeichnungen von Kriegern und Soldaten.

10 Bei Jünger ist es wichtig, das *Kriegstagebuch 1914–1918* (hrsg. von Helmuth Kiesel, Stuttgart 2010) zugrunde zu legen und damit die späteren Stilisierungen von *In Stahlgewittern* (Histor.-krit. Ausgabe, hrsg. von Helmuth Kiesel, 2 Bde., Stuttgart 2013) zu vergleichen, um eine Vorstellung von der *unmittelbaren* Wahrnehmung und Verarbeitung des Kampfes zu erhalten. Die Achtung vor dem Feind bleibt von dem späteren Eingreifen Jüngers freilich unberührt. Im Vergleich dazu Thomas Manns Essays »Gedanken im Kriege«, »Friedrich und die große Koalition«, »Gedanken zum Kriege« und »Weltfrieden?«; alle in Thomas Mann: *Essays*, hrsg. von Hermann Kurzke und Stephan Stachorski. Frankfurt am Main 1993, Bd. 1, der sich dezidiert um eine Sinngebung für die Feindschaft bemüht.

11 Zum Begriff der »Verfassungsfreunde«, unüberhörbar dem Gegenbegriff zu »Verfassungsfeinde«, vgl. Dolf Sternberger: »Verfassungspatriotismus«; in: ders., *Schriften*, Bd. X. Frankfurt am Main 1990, S. 17–31, insbes. S. 31.

12 So hält Schmitt im Anschluss an seine These, »die Unterscheidung von Freund und Feind« sei »die spezifisch politische Unterscheidung« (*Der Begriff des Politischen* [1932]. Berlin 1963, S. 26), fest, dieser Feind brauche weder böse noch hässlich zu sein, sondern es genüge, »daß er in einem besonders intensiven Sinn existenziell etwas anderes und Fremdes ist« (ebd., S. 27). Auf dieser Basis ist Feindschaft und Fremdheit in den einschlägigen Einlassungen Schmitts verbunden.

13 Dazu Herfried Münkler: *Der Dreißigjährige Krieg. Europäische Katastrophe, deutsches Trauma*. Berlin 2017, insbes. S. 29 f. und 52–61.

14 Max Weber: *Soziologie, Weltgeschichtliche Analysen, Politik*. Stuttgart 1968, S. 272.

15 Burkhard Liebsch: »Werte-Feindschaft, Widerstreit und Gewalt. Taylor – Weber – Nietzsche«, in: Geulen u. a. (Hrsg.): *Vom Sinn der Feindschaft* (wie Anm. 9), S. 109–131, hier S. 120.

16 Dazu Marco Walter: *Nützliche Feindschaft. Existenzbedingungen demokratischer Imperien – Rom und USA*. Paderborn 2015; weiterhin Wolfgang Palaver: »Vom Nutzen und Schaden der Feindschaft: Die mythischen Quellen des Politischen«, in: Brehl/Platt (Hrsg.): *Feindschaft* (wie Anm. 1), S. 71–92.

17 Sallust: »Die Verschwörung Catilinas«; in: ders., *Werke*. Lateinisch und deutsch von Werner Eisenhut und Josef Lindauer. München und Zürich 1985, S. 17 und 19.

18 Cicero: *Laelius de amicitia. Laelius über die Freundschaft*. Lat./Dt. von Marion Giebel, Stuttgart 2015; dazu Marina Münkler: *Gespräche über Freundschaft. Die Konstitution persönlicher Nahbeziehungen bei Platon, Cicero und Aelred von Rievaulx*, Göttingen 2022, S. 94–149, deren Interpretation ich hier folge.

SVEN MURMANN

DER PROFI, DER EIN SCHMUGGLER IST

Vorab eine Klärung: Ganz so schlimm kann diese Feindschaft nicht sein, wenn wir diese noch im Sinne einer *Lieblings*feindschaft empfinden dürfen. Das klingt fast so wie *Nicht-so-enge-Freundschaft* oder *Zweckfreundschaft*.

In der kapitalistisch verfassten Marktgesellschaft agieren wir als Anbieter und Abnehmer, Geschäftspartner oder Konkurrenten. In all diesen Rollen sind wir von wirtschaftlichen Sachzwängen betroffen. Diese wirken systemisch auf alle Beteiligten. Darin liegt wohl die vermeintliche Neutralität der Sachzwänge: Die Gesetze des Marktes gelten für alle.

Der ökonomische Sachzwang, im dynamischen Wettbewerbsgeschehen nicht nur zu bestehen, sondern möglichst die Nase vorne zu haben, wird von den Strukturen des Marktes selbst hervorgebracht. Wir deuten ihn nur ins Persönliche um, und daher steigen wir mit unseren Wettbewerbern in Gestalt von Personen und Organisationen als Konkurrenten sprichwörtlich in den Ring.

Sachzwänge wirken einengend, ja freiheitsberaubend. Sie sind kalt und interessieren sich nicht für persönliche Motive, Leidenschaften, Aspirationen oder Euphorien. Daher lösten Sachzwänge stets einen Impuls der Gegenwehr in mir aus. Zur

Reife gekommen, gestaltet sich diese innere Gegenwehr heute als zivilisiert, gezähmt und kompromissfähig. Diesen Reifegrad nennt man wohl Professionalität. Mitunter hadere ich damit. Denn professionelles Verhalten transferiert unbemerkt den Sachzwang aus dem Feld des Feindlichen in das Feld der Zweckfreundschaft. Gerade im Wirtschaftsleben agieren echte Profis eigentlich wie Schmuggler. Sie schmuggeln die Härten und Notwendigkeiten der wirtschaftlichen Sachzwänge aus der Sphäre der Lieblingsfeindschaften in die Sphäre der zielorientierten Geschäftsfreundschaften. So wird aus einem störenden Sachzwang ein umgänglicher Sachverhalt. Dies nimmt dem Sachzwang sein eindimensionales, Gewalt ausübendes Momentum. Professionalität bringt Bewegung ins Spiel. Zu einem Sachverhalt kann man sich so und so stellen, kann Perspektivenwechsel vollziehen, kann Distanz nehmen oder Nähe suchen.

Durch das Schmuggeln machen Profis sich den Feind zum Freund, zum *Zweckfreund*. Dann haben sich alle gleich (wenig) lieb. Das Miteinander ist geprägt von neutraler Professionalität. In anschlussfähige Sachverhalte verkleidet, wirken die Sachzwänge wie wohltuende Mittel, Verbindungselemente zwischen Profis, deren Interessengleichheit ein respektvolles Verhältnis ermöglicht. Es findet ein kommunikativer Schmuggel zwischen Gegnerschaft und (Zweck-)Freundschaft statt. Das gelingt nur Profis. Deshalb sind Profis auch meine Lieblingsfeinde.

GRÜNE BAGAGE

Peter Unfried

Gerade war ich wieder bei so einem Abendessen unter unsereins, also linksliberale Bagage, gebildete Parlierer aus Wissenschaft, Literatur und Medien. Das Essen war teuer und gut, der Wein war teuer und okay, die Frauen waren toll, und ich war eingeladen, das war das Allerbeste.

Wenn nur die Politik nicht wäre.

So schnell kann man sich gar nicht betrinken, bis nach der Verdammung der üblichen Verdächtigen – Lindner, Merz, Precht, Schweiger und dazu Tageskarte – einer kommt und mit leicht erhobener Stimme sagt, dass er ja immer oder oft oder zuletzt die Grünen gewählt habe, aber nun die Grünen nie mehr wählen werde, weil das ja alles viel zu wenig sei, was die machten, Klimapolitik und überhaupt. Hinweise auf die parlamentarischen Mehrheitsverhältnisse in einer Koalition werden stets und immer mit einem saloppen »aber trotzdem« abgeblockt, die FDP sei »schlimm«, aber die bringe ihr Zeug durch, man müsse halt nur wirklich wollen. Aber diese grünen Karrieristinnen und Karrieristen, diese Konformistinnen und Konformisten, die wollten ja gar nicht mehr, die seien doch angepasst, früher sei mehr Widerstand gewesen. Viel mehr. Außer von Joschka. (Stirnfurche bei Erwähnung dieses Namens)

Auf meine Frage, wen man künftig wählen würde, kommt in der Regel der Seufzer: »Ja, gute Frage.« Pause, um einen Schluck von dem rumänischen Roten zu nehmen und den eigenen Schmerz im ganzen Raum fühlbar zu machen. Dann: Eigentlich könne man »gar keinen mehr wählen«. Die SPD nicht mehr seit Schröders Arbeitsmarktreformen. Spätestens. Eigentlich schon seit 1918.

Nun muss ich zugeben, dass mich Demokratie und parlamentarische Mehrheitsverhältnisse früher auch nicht interessiert haben. Sagen wir, als ich sechs war. Oder 19. Natürlich war die Mehrheit kacke, das war die einzige akzeptable »Haltung«. Aber diese Leute sind im fortgeschrittenen Alter, haben Abitur, teilweise Doktortitel, teilweise langjährige Erlöse aus verbeamteter Staatsbeschäftigung, langjährige geistige Weiterbildungen. Sollte man jedenfalls denken. Und tun so, als seien sie die letzten Heuler im Widerstand. Dabei formiert der sich längst anderswo. Da rächt sich, dass sie zwar früher die Sexualaufklärung der *Bravo* verschlungen haben (»Darum wird der Penis bei Kälte kleiner!«), aber offenbar keine vergleichbare Politikaufklärung hatten und bis heute nicht in Anspruch nehmen.

Hier ist das Problem: Für die sozialökologische Transformation, also die Bewahrung der Lebensgrundlagen der menschlichen Spezies, zumindest aber die Bewahrung der liberalen Demokratie, muss ich mein Freund-Feind-Denken überarbeiten und mich mit so vielen Leuten wie möglich verbünden, die ich – zu Recht oder auch nicht – für Arschlöcher halte und die mich – völlig zu Recht – für ein Arschloch halten, sonst wird das nichts.

Der politische Paradigmenwechsel vom bundesrepublikanischen Sozialdemokratismus zur Sozialökologie ist das eine – und schwierig genug. Das andere ist bei unsereins, den linksliberalen Checkermilieus, der Abschied von der Protest-, Dissidenz- und Widerstandskultur, die in der Regel nur eine ästhetische und rhetorische Lackierung eines ordentlichen Berufs- und Konsumlebens ist. Diese Lebensmaxime basiert darauf, zum Zwecke eines erfüllenden Weltbürgerlebens so viel »Weltreichweite« (Hartmut Rosa) wie möglich zu haben und damit so viel Emissionen wie möglich zu erzeugen. Darüber hinaus so viel konformistische Distinktion wie möglich zu erleben, also rhetorische Positionen, die alle anderen innerhalb der Zugehörigkeitsmilieus teilen und gleichzeitig als widerständig halluzinieren. Wozu das gut sein soll, ich weiß es nicht. Beziehungsweise: nicht mehr.

Jedenfalls ist dieser Typus des superkonformistischen Nonkonformisten mein absoluter Lieblingsfeind. Allianzen mit diesem Typus werden schwer! Zwar sind sie vergleichsweise kleine Arschlöcher, im Vergleich mit den großen Arschlöchern, aber deshalb sind sie eben nicht so weit weg von mir, weshalb ich mich besonders entschieden von ihnen distanzieren muss.

Timo Storck

Der auto-tromaktikoitische Imperativ

Sei dir selbst unheimlich!

Tromaktikos bedeutet in der griechischen Sprache »unheimlich«, *auto-* ist bekanntlich auf das Selbst, das Eigene bezogen. Wenn wir über »Freund und Feind« nachdenken, dann lohnt es sich, über das Verhältnis zwischen dem Eigenen und dem Unheimlichen nachzudenken. Das, der Titel meines Beitrags deutet es an, kann darauf hinauslaufen, das Unheimliche im Ich in den Blick zu nehmen. Beziehungsweise das Ich im Unheimlichen. There is no »I« in »Team«, but there is an »Ich« in »Unheimlich«!

Wen wir aus welchen Gründen als Freund oder als Feind betrachten (beziehungsweise was wir als freundlich oder als feindlich erleben), lässt sich aus unterschiedlichen Perspektiven betrachten – aus einer politischen, soziologischen, religiösen, historischen, ja sogar aus einer infektiologischen und vielen anderen mehr.[1] Selbstverständlich hat es einen Einfluss auf unser Freund-/Feind-Erleben, wenn Kriege geführt oder Menschen verfolgt werden. Ich möchte im Weiteren eine dieser Perspektiven herausgreifen, nämlich eine psychologische, genauer gesagt: die psychoanalytische. Diese verstehe ich als ein Teil dessen, wie wir über Freund oder Feind nachdenken können. Sie kann die anderen Perspektiven (hoffentlich) ergänzen oder anregen; es soll nicht gesagt sein, dass sich Freund-Feind-Dynamiken in Gänze darin aufheben. Wenn also geprüft wird, in welcher Weise und aus welchen Gründen ein Feind(bild) mental »konstruiert« wird, dann soll selbstverständlich nicht behauptet werden, dass die Gründe dafür, weshalb etwa die ukrainische Bevölkerung die russische Armee und Regierung als feindlichen

Aggressor erlebt und bezeichnet, im Wesentlichen psychologische seien und es nur im Auge des Betrachters und seiner mentalen Verarbeitungsweise läge, das zu tun.

Die psychoanalytische Perspektive: Innere Bilder und Motive im Widerstreit

Eine psychoanalytische Perspektive[2] soll Folgendes heißen: Wir können uns den Menschen im Hinblick auf sein psychisches Erleben als jemanden vorstellen, der die bisherige Geschichte seiner Interaktionen mit anderen in irgendeiner Weise verinnerlicht hat. Wir laufen durch das Leben und machen Erfahrungen mit anderen. Das sind mal erfreuliche, mal schmerzliche, mal erfüllen sich unsere Wünsche, mal werden sie frustriert. Manchmal machen wir die Erfahrung, beim anderen vertrauensvoll aufgehoben zu sein, manchmal kriegen wir zu spüren, dass Vorsicht geboten ist. All das schlägt sich darin nieder, wie wir über Beziehungen »nachdenken« beziehungsweise wie es sich anfühlt, zu anderen in Beziehung zu stehen. In der Psychoanalyse wird dann von Beziehungsrepräsentanzen gesprochen; als das, was von den Erfahrungen mit anderen verinnerlicht wird (natürlich »angereichert« mit Fantasien, Sehnsüchten und anderem). Beziehungsrepräsentanzen haben immer damit zu tun, wie wir uns selbst in Beziehung zu einem anderen erleben. Das sind die Selbstrepräsentanz und die Objektrepräsentanzen (psychoanalytisch-terminologisch etwas sperrig; gemeint sind die psychischen Objekte der Vorstellung, vor allem bedeutsame andere).

Diese mentalen Repräsentanzen (von Beziehung, Selbst und Objekten sowie der Affekte, die diese miteinander verbinden) färben neue Erfahrungen, die wir machen, sowie die Ideen, die wir dazu entwickeln, was uns in Beziehungen erwartet. Hat jemand wenig vertrauensvolle Erfahrungen mit anderen gemacht, wird er sich in neuen Beziehungen mehr schützen (müssen). Hat jemand Wertschätzung, Zuwendung und liebevolle Begleitung erfahren, wird er zuversichtlich sein, dass in neuen Beziehungen emotionale Nähe etwas Schönes und Unterstützendes ist.

So weit, so gut. Natürlich ist es komplizierter. Die psychoanalytische Perspektive akzentuiert auch unterschiedliche Arten von Motivation. Anders gesagt: Was wollen wir von anderen? Klassisch psychoanalytisch betrachtet ist die Antwort: dass Lustvolles eintritt und Unlustvolles vermieden werden kann. Einfacher gesagt: Gutes ist gut und soll sich wiederholen, Schlechtes ist schlecht und soll sich nicht wiederholen. Nun ist es nicht selten so, dass etwas (eine Vorstellung, eine Handlung) verschiedene Anteile von beidem hat. Der einfachste Fall ist, wenn wir uns für unsere Wünsche schämen. Dann ist die Erfüllung des Wunsches einerseits lustvoll und etwas Gutes, zugleich bringt genau diese Wunscherfüllung andererseits auch etwas Unlustvolles und Schlechtes mit sich, die Scham. Ein anderes Beispiel: Nähe zu anderen kann ersehnt werden, aber auch mit Ängsten vor Vereinnahmung verbunden sein.

Deshalb betont die Psychoanalyse den psychischen Konflikt. Damit sind solche Konflikte gemeint, die sich daraus ergeben, dass Motive im Widerstreit zueinander stehen. Eine Folge dessen kann sein, dass uns etwas unbewusst wird. Wir erleben – bewusst! – dann zum Beispiel nicht mehr unseren Wunsch, mit dem zugleich Scham einhergeht. Man bezeichnet das als (psychische) Abwehr, einer der dazugehörigen Mechanismen ist die Verdrängung. Das Problem ist, dass das auf diese Weise Abgewehrte zugleich aber auch etwas Lustvolles, Gutes beinhaltet, wir wollen es also nicht so einfach loswerden. Dazu werden psychische Kompromissbildungen geschaffen, leichte Veränderungen des Wunsches oder der dazugehörigen Affekte, damit etwas noch lustvoll genug, aber nicht mehr allzu unlustvoll ist, wenn es uns bewusst wird. Aus diesem Grund spricht man in der Psychoanalyse vom *dynamisch* Unbewussten, es geht um ein Kräftespiel zwischen den Gründen, weshalb etwas ins Bewusstsein treten soll, und denen, weshalb es das nicht tun soll. Es lohnt sich, über die eigenen Motive und Antriebe etwas Bescheid zu wissen.

Motive können in einem solchen konflikthaften Widerstreit stehen, aber das gilt ebenso für Anteile dessen, wie wir uns oder andere erleben, also psychische Repräsentanzen. Denn natürlich kann es einen Widerstreit zwischen den Gefühlen von Liebe, Sehnsucht oder Zärtlichkeit geben, die wir unserem Partner oder unserer Partnerin gegenüber erleben, und den Gefühlen von Wut oder gar Hass, von Enttäuschung oder Abneigung, die wir unter Umständen derselben Person gegenüber in einem heftigen Streit erleben. Nahe Beziehungen bieten die ganze Palette der Affekte. Aber wenn wir eine geliebte Person hassen oder eine verhasste Person lieben: Ist es für unser mentales Erleben dann noch dieselbe Person? Ebenso kann ein Widerstreit innerhalb dessen auftreten, wie wir uns selbst sehen. Sind wir gesellig, hilfsbereit, neugierig gegenüber anderen– und manchmal aber auch abweisend, egoistisch und einzelgängerisch? Erleben wir uns als der- oder dieselbe, wenn wir auf unterschiedliche Anteile dessen stoßen, was uns ausmacht? Oder auf unterschiedliche soziale Rollen, in denen wir uns bewegen?

Es lohnt sich, hinsichtlich der Repräsentanzen von uns selbst und von anderen zu einer psychischen Integration zu gelangen, also unterschiedliche Anteile dessen, wie wir uns und andere sehen, und welche Gefühle wir zu uns oder anderen haben, miteinander verbinden zu können: Es ist dieselbe Person, die wir lieben und die uns rasend wütend machen kann. Wir sind dieselbe Person, wenn wir andere unterstützen und wenn wir gerade nichts mit anderen zu tun haben wollen.

Diese etwas lange Vorrede zur psychoanalytischen Perspektive auf Freund und Feind zeigt nebenbei etwas Wichtiges: Unser Erleben kann im Widerstreit mit sich selbst stehen. Mehr noch: Im Grunde beruht unser psychisches Erleben sogar darauf, wie wir mit solchen widerstreitenden Gefühlen oder Bildern umgehen. Das ist ein wichtiges Merkmal psychischer Gesundheit.

Zwei Denkfiguren: Doppelgänger und »wild things«

Eine ganze Reihe von Konzepten oder Denkfiguren der Psychoanalyse kann hilfreich sein, wenn wir versuchen, ein Verständnis dafür zu entwickeln, wie wir über uns selbst und die anderen nachdenken, insbesondere unter der Perspektive des Fremden oder gar Feindlichen. Julia Kristeva hat programmatisch befunden: »Fremde sind wir uns selbst«[3], und gerade in der französischen Psychoanalyse wird psychische Entwicklung und Struktur »vom Anderen her« gedacht, das bedeutet von der Überlegung her, dass nicht nur die resonante Zuwendung eines Gegenübers wichtig ist, sondern auch die Auseinandersetzung mit der Differenz in der interpersonalen Begegnung ebenso wie im Blick auf psychische Identität.[4]

Auf zwei etwas spezifischere Denkfiguren möchte ich für den weiteren Gang meiner Darstellung zurückgreifen: Die in Sigmund Freuds Arbeit *Das Unheimliche*[5] akzentuierte Denkfigur des Heimlichen/Unheimlichen und die Bedeutung des Doppelgängers, sowie die in der psychoanalytischen Richtung Melanie Kleins wichtige und besonders von Susan Isaacs dargestellte Konzeption der unbewussten Fantasie,[6] die im Kinderbuch/Film *Where the wild things are* implizit eine Veranschaulichung erfährt.

Zu den wohl am häufigsten zitierten Sätzen in den Werken Freuds gehört »Das Ich ist nicht Herr im eigenen Haus«.[7] Eingebettet in die Annahme, er selbst habe der Menschheit mit dieser Erkenntnis nach Kopernikus (die Erde ist nicht das Zentrum des Sonnensystems) und Darwin (der Mensch stammt vom Affen ab) die dritte große Kränkung zugefügt, möchte Freud damit unterstreichen, dass die Annahme dynamisch unbewusster Prozesse und Erlebnisinhalte es mit sich bringt, dass der Mensch sich in seinem bewussten Denken selbst nicht zu fassen kriegt. Wir wissen über unsere Motive nicht immer so ganz genau Bescheid, wir werden von etwas angetrieben, das wir nicht intendiert in Gang setzen.

In der Arbeit über das Unheimliche entwickelt Freud nun den Gedanken, dass uns gerade das unheimlich ist, was das berührt, was in uns selbst »heimlich« geschieht, ohne unser vernünftiges Zutun. Wir gruseln uns davor, dass wir innerlich hinter unserem eigenen Rücken agieren, ohne Vernunft, Steuerung oder Reflexion. Aus diesem Grund führt Freud im selben Text auch das Motiv des Doppelgängers als etwas Unheimliches ein. Uns ängstigt nicht zuletzt das, was von außen wiederkehrt, aber eigentlich zu uns selbst gehört. Kurz gesagt: Wir sind uns selbst unheimlich.

Melanie Klein entwickelt in der Zeit zwischen den 1920er- und den 1950er-Jahren eine eigene Richtung innerhalb der Psychoanalyse. Ein wichtiger Bestandteil darin ist die Auseinandersetzung damit, wie »Objekte« gebildet werden, also die verinnerlichten Repräsentanzen anderer. Aus der Sicht Kleins gibt es in der kindlichen Entwicklung eine Phase, in der Spaltungszustände vorherrschen:[8] Das Gute (positive Affekte und Vorstellungen) wird als »innerlich« und zum Selbst zugehörig, das Schlechte (negative Affekte oder Vorstellungen) als »äußerlich«, von einem bedrohlichen Objekt kommend erlebt. Die Entwicklungsaufgabe besteht offenkundig darin, zu differenzierteren mentalen Bildern von sich und anderen zu kommen, das heißt unter anderem, eine Toleranz für eigene negative Affekte auszubilden, statt diese nur dem Außen zuzuschreiben.

Während dieser Phase der *Spaltung* (gut und schlecht werden getrennt gehalten) und *Projektion* (das Schlechte wird dem Außen zugeschrieben) spielt die sogenannte unbewusste Fantasie eine entscheidende Rolle. Klein und Isaacs nehmen an, dass körperliche Empfindungen (und hier gerade die Zustände von Spannung oder Erregung), die sie mit dem Triebkonzept in Verbindung bringen, und damit verbundene diffuse Ängste darüber bewältigt werden, dass das Bild eines verfolgenden, bedrohlichen anderen entworfen wird. Die Angst bleibt, aber sie ist nun auf ein konkretes Objekt gerichtet. Aus der diffusen Angst angesichts innerer Zustände und Prozesse ist die Angst vor etwas Äußerem geworden. Die unbewusste Fantasie besteht darin, ein Objekt-Bild zu erschaffen, vor dem ich mich fürchten kann und das für die Spannung, die ich spüre, verantwortlich ist.

Das von Maurice Sendak verfasste Kinderbuch *Where the wild things are* (ich verwende hier den englischen Titel statt der deutschen Übersetzung: *Wo die wilden Kerle wohnen,*[9] weil er mir noch geeigneter dafür erscheint, zu akzentuieren, was Klein und Isaacs meinen) und die Verfilmung (2009) unter der Regie von Spike Jonze thematisieren, wie der achtjährige Junge Max in einen Streit mit seiner Mutter gerät. Sie hat einen Mann zu Besuch, Max fordert Aufmerksamkeit ein und versucht, die schwierigen Gefühle, die das in ihm auslöst (Konkurrenz? Verlustängste? Loyalitätskonflikte?), in ein Spiel mit der Mutter einzubinden (er spielt ein wildes Tier, das gefüttert werden muss, ansonsten werde es die Mutter auffressen). Das gelingt nicht, und schließlich beißt Max seiner Mutter in die Schulter und rennt erschrocken davon. Auf einer Insel trifft er die »wild things«, eine Gruppe von Monstern, die ihn zwar zu ihrem König ernennen, jedoch wird Max von einem von ihnen durch den Wald gejagt (mit den Worten, er werde aufgefressen werden). Schritt für Schritt freundet Max sich mit den »wild things« an, und schließlich wird er mit den Worten »Ich habe dich zum Fressen gern« verabschiedet. Er kommt wieder zu Hause an, es ist in der Zwischenzeit kaum so viel Zeit vergangen, dass sein Abendessen abgekühlt wäre – was akzentuiert, dass es eine innere Reise gewesen ist, die er unternommen hat.

Hier wird veranschaulicht, was Klein und Isaacs meinen: Unerträgliche Erregungszustände (die Affekte, die nicht im Spiel mit der Mutter reguliert werden können) führen zunächst dazu, das Bild eines bösen Monsters zu erschaffen (die unbewusste Fantasie eines verfolgenden Objekts). Die »wild things« sind Max' überwältigende bedrohliche Affekte. Und gerade mit diesen freundet er sich an, die »wild things« sind keine Feinde mehr, keine Bedrohung mehr, sondern ein Teil von ihm, beziehungsweise es wird dieser Teil von ihm selbst nun anerkannt. Und jemanden aufzufressen ist aufgehoben/integriert in das Bild, jemandem zum Fressen gern zu haben.

Was lässt sich folglich über die beiden Denkfiguren sagen? Wir sind uns selbst unheimlich, und manchmal ist die Angst vor einer äußeren Bedrohung der Versuch, mit einer inneren Unaushaltbarkeit fertig zu werden. Manchmal ist das Teil eines Prozesses von Aneignung oder Integration, manchmal bleibt jemand aber auch darin »stecken«, ein Feindbild zu erschaffen (und beizubehalten), um eigene Ängste zu bewältigen. Entscheidend dürfte sein: Die Angst ist zuerst da. Sie ist nicht die Antwort auf die Konfrontation mit einem Feind, sondern das Aufrichten eines Feindbildes ist die Antwort auf die Angst.

Nicht die Feinde machen Angst, sondern Angst macht die Feinde

Ein Feindbild zeigt an, dass wir uns bedroht fühlen. Jemanden als einen Feind anzugreifen, Gewalt auszuüben, erwächst immer aus einer Angst – aus verschiedenen Spielarten einer Angst – hinsichtlich unseres Selbst(werts), unseres Lebens oder unserer körperlichen Unversehrtheit, unseres Lebensraums oder unserer Freiheit, vernichtet zu werden. Manchmal, ich habe es bereits erwähnt, ist ein Feind schlicht ein Feind. Wir machen ihn nicht dazu, sondern er verhält sich feindlich. Die psychoanalytische Perspektive allerdings erlaubt es, auch in den Blick zu nehmen, wann im Feindbild und dessen Konstruktion eine Angst wiederkehrt, die ihren Ursprung in uns selbst hat. Mental betrachtet wird ein Feind(bild) auch konstruiert: als derjenige, der bedroht und in Aufruhr versetzt, ein Ziel für den eigenen Hass, eine Externalisierung von Ängsten und anderem.

Die Bemerkungen zum Unheimlichen und zur unbewussten Fantasie eines verfolgenden Objekts haben angezeigt, dass es zum Menschsein und zur psychischen Entwicklung dazugehört, sich vor etwas zu ängstigen, das unheimlich ist, weil es zu uns gehört. Sie haben auch gezeigt, dass es um den Prozess einer Anerkennung, Aneignung oder Integration gehen kann. Manchmal erschaffen wir Außenbilder, lagern etwas aus, um es auf diese Weise aushaltbar werden zu lassen und dann leichter als zu uns gehörig zu erleben. Das ist ja der Entwicklungsroman, den Max durchläuft, während sein Abendessen warm bleibt: Seine Affekte sind keine (bösen) Monster, man kann ein Monster lieben, man kann auch als Monster von anderen geliebt werden, man kann monströs, liebevoll, schützenswert zugleich sein.

Etwas an diesen Prozessen der Konstruktion eines unheimlichen, bedrohlichen, feindlichen Außen kann arretieren. Es ist nicht das Durchgangsstadium in einer persönlichen Entwicklung oder der Bewältigung von etwas, das (noch) unerträglich ist, sondern vielmehr so etwas wie eine chronifizierte Feindlichkeit, die im Außen gesehen wird. Die Angst, die das Feindbild hat entstehen lassen, wird nurmehr evakuiert (also aus dem Selbsterleben ausgelagert) und bleibt auch im Außen verortet, statt über den Umweg einer solchen passageren Konstruktion bewältigbar gemacht. Das passiert auf der Grundlage von drei Einflussfaktoren:

- Erstens dann, wenn das Individuum, das sich jemanden psychisch zum Feind macht, mit der Regulierung der Affekte weiterhin überfordert bleibt: Die Auslagerung der unerträglichen Affekte hat nicht ausgereicht, sie muss in einigermaßen hilfloser Weise ständig wiederholt werden, spiralförmig, nicht im Sinne einer sich einstellenden Bewältigung;
- zweitens dann, wenn das zum Feind gewordene Gegenüber nicht hilft, Ängste tolerabler zu machen: Der Versuch, in Auseinandersetzung mit einem Gegenüber Ängste zu bebildern und etwas von ihnen als Eigenes anzuerkennen, misslingt, wenn vom Gegenüber konkrete Angriffe, Rache oder Ähnliches droht, anders gesagt: wenn der mental konstruierte Feind sich auch wie ein Feind *verhält*;
- und drittens dann, wenn das Feindbild durch eine soziale Referenzgruppe mitgetragen wird. Ist sich jemand mit anderen darüber einig, wer als Feind zu gelten hat, wird das nicht nur das Gruppengefühl stärken (zumindest in der Bekräftigung, mit seinen Ängsten nicht

allein zu sein), sondern auch dazu beitragen, dass das Feindbild sich erhärtet.

So etwas zeigt sich in jeder Form von Demagogie, denn wenn jemand sich als derjenige in Szene setzt, der dabei hilft, vor einem Feind zu schützen, wird er als Anführer attraktiver, denn er hilft, Ängste (im Außen) zu bekämpfen. Und es spielt auch eine zentrale Rolle beispielsweise in der sogenannten Verschwörungsmentalität:[10] Hier zeigt die Forschung, dass gerade Menschen mit besonders hohem Misstrauen anfällig sind, einer Verschwörungsideologie anzuhängen. Die fehlende Erfahrung einer vertrauenstiftenden sozialen Umgebung (nicht zuletzt während der psychischen Entwicklung) dürfte einen entscheidenden Einfluss darauf haben, dann jemandem zu folgen, der durch das Schaffen eines feindseligen Außen und durch das Bedienen eines Narrativs, dass »die Mächtigen« es auf die Vernichtung von Freiheit abgesehen haben, Ängste zu externalisieren hilft.

Über Impfstoffe

Was ist nun zu tun? Was schützt vor chronifiziertem Denken in Feindbildern? Die psychoanalytische Betrachtung der Konstruktion von jemandem als Feind liefert uns Hinweise dafür, dass ich jemanden umso weniger als Feind erleben muss, je stärker ich a) eine Toleranz dafür habe, was mir an mir selbst fremd oder unheimlich vorkommt, und b) die Erfahrung gemacht habe, dass andere zunächst einmal vertrauenswürdig sind. Beides hat damit zu tun, welche Erlebnisse ich bisher gemacht habe, und dabei natürlich vor allem die frühen Erfahrungen, die einen wichtigen Einfluss auf meine Auffassung haben, wie Beziehungen zu anderen »funktionieren« und was darin auf mich zukommt.

Von der Ausbildung von »epistemischem Vertrauen«[11] spricht man in der Entwicklungspsychologie, wenn jemand die Erfahrung gemacht hat, dass die Weltsicht der eigenen Bezugspersonen grundsätzlich eine hilfreiche Orientierung liefert und gepaart ist mit einem Interesse an der eigenen Weltsicht, das jemandem entgegengebracht wird.

Epistemisches Vertrauen ist dabei interpersonell zu denken, in einer Wechselseitigkeit dessen, dass ich mich an jemanden wenden kann, weil ich seiner Weltsicht dahin gehend vertraue, dass sie mir Orientierung gibt, und dessen, dass ich die Erfahrung mache, dass jemand anderes sich seinerseits für meine Sicht auf die Welt und mein inneres Erleben interessiert. Anders gesagt: Ich werde dem- oder derjenigen Vertrauen entgegenbringen, der oder die mir zeigt, dass er/sie mir eine eigene mentale Perspektive zugesteht und neugierig auf diese ist. Man bezeichnet das als Mentalisierung:[12] die Zuschreibung von Innerlichkeit an einen selbst und an ein Gegenüber (die Alternative wäre eine Welt, in der es nur das gibt, was als Handlung beobachtbar ist, ohne Anerkennung, dass Handlungen auf inneren Zuständen beruhen).

Hier zeigt sich nun ein Scheideweg: Vertrauen ist manipulierbar. Wenn ich zum Beispiel einer Gruppe von Menschen zu verstehen gebe, dass ich ihre Ängste erkenne und anerkenne, dann ist die Wahrscheinlichkeit größer, dass diese Gruppe von Menschen meiner Weltsicht (meinen Erklärungen für die Gründe für ihre Ängsten, meinen Lösungsvorschlägen) Vertrauen entgegenbringt. Angenommen, jemand fühlt sich verunsichert durch eine sich rapide verändernde Gesellschaft und ich versichere ihm, dass ich seine Ängste nachfühlen kann oder womöglich sogar teile. Und weiter angenommen, ich biete dann ein Erklärungsmodell an, sagen wir: die sogenannte »Überfremdung«. Und ich biete auch eine (vermeintliche) Lösung an, sagen wir: eine strikte Grenz- und Einreisepolitik und eine Quote für deutschen Schlager in der Unterhaltungsindustrie. Dann erhöht das sicherlich für manche die Wahrscheinlichkeit, mir bei einer Wahl ihre Stimme zu geben (auch wenn selbstverständlich nicht vernachlässigt werden darf, dass es mehr als diesen einen Einflussfaktor gibt). Damit ist gesagt: Verunsicherung macht anfällig dafür, Ängste durch das Angebot eines Feindbilds zu reduzieren, indem zum einen bestimmten Narrativen das entgegengebracht wird, was man als »epistemische Wachsamkeit« bezeichnet (etwa: »Ich lasse mich doch nicht von der Regierung verarschen!«), und zum anderen eine Orientierung an einfachen, angstbindenden Narrativen gesucht wird (etwa: »Der da spricht mir aus der Seele. Jetzt weiß ich, welche Bedrohung bekämpft werden muss – der wird's schon richten!«).

Was hilft gegen eine solche Manipulation, die die Neigung, Ängste zu externalisieren, chronische Feindbilder zu schaffen oder Feindbild-Narrativen zu folgen versucht, nur weil jemand sich so geriert, als würde er mich verstehen? Bezeichnenderweise: eine (psychosoziale) Impfung. Zuletzt ist dieses Bild von einer Gruppe von Kolleginnen und Kollegen[13] gebraucht worden, um die förderlichen Entwicklungsbedingungen (beim Aufwachsen und in einer Psychotherapie) zu beschreiben, die helfen, in gesellschaftlichen Krisen auf etwas anderes zurückgreifen zu können als auf die Manipulation durch jemanden, der einfache, von chronischen Feindbildern geprägte Narrative anbietet. Der Wirkstoff, der uns gegen eine solche Infektion schützt, ist das Mentalisieren in emotional wichtigen Beziehungen und darin vor allem das erlebte Interesse an der eigenen inneren Welt und eine Verständigung über Selbst und Anderen, Inneres und Äußeres, Vorstellung und Affekt.

Zwei Empfehlungen

Mit zwei Empfehlungen aus Sicht einer psychologisch-psychoanalytischen Perspektive möchte ich schließen.

Erstens: Statt Feindschaft zu eliminieren versuchen, sollten wir Freundschaft, das heißt Vertrauen, fördern. Das ist mehr als eine hohle Phrase, denn das ist es ja, was Ängste tolerabler macht. Und es geht um den psychologischen Kniff, dass jemand andere gerade dann weniger in »chronischer« Weise als Feind erleben wird, wenn er Erfahrungen gemacht hat, von anderen nicht bedroht zu werden, und von daher eine positivere und vertrauensvolle Erwartung hat, was ihm von anderen blüht. Je weniger wir grundlegend in unserem Selbstkonzept bedroht sind und je mehr Toleranz wir für Fremdes in uns selbst haben können, desto leichter wird es uns fallen, ein angemessen freundliches Bild von anderen zu haben. Und dann dürfte jemand durchaus auch mal ein »Übergangsfeind« sein, aber dies wäre in einen Prozess, in eine Entwicklung eingebunden, statt chronifiziert und erhärtet zu sein.

Zweitens: Seien wir uns selbst unheimlich. Je mehr wir darauf setzen, uns selbst transparent zu sein, über uns selbst bis ins Hinter(dach)-stübchen Bescheid zu wissen – umso mehr werden wir das, was diesen Bemühungen entwischt, anderen zuschreiben. Statt einer Self-tracking-App bräuchte es wohl eher eine Self-eluding-App, eine App, die uns immer wieder daran erinnert, dass wir uns selbst auch fremd und unheimlich bleiben. Und bleiben dürfen.

Anmerkungen

1 Das zeigt auch das an der Universität Heidelberg verortete DFG-Graduiertenkolleg »Ambivalent enmity« (https://ambivalentenmity.org/); im Übrigen auch dort mit der Akzentuierung einer Ambivalenz in der Feindschaft und deren Konstruktion.

2 Vgl. z. B. Timo Storck: *Psychoanalyse nach Sigmund Freud*. Stuttgart 2018.

3 Julia Kristeva: *Fremde sind wir uns selbst*. Frankfurt am Main 1990.

4 Joachim Küchenhoff: *Sich verstehen im anderen*. Göttingen 2019.

5 Sigmund Freud (1919h): *Das Unheimliche*. GW XII, S. 229–268.

6 Susan Isaacs: »Wesen und Funktion der Phantasie«, in: *Psyche – Z Psychoanal*, 70, 2016, 530–582.

7 Sigmund Freud (1917a): *Eine Schwierigkeit der Psychoanalyse*. GW XII, S. 1–12.

8 Melanie Klein: »Zur Theorie von Angst und Schuldgefühl«, in: M. Klein: *Das Seelenleben des Kleinkindes und andere Beiträge zur Psychoanalyse*. 8. Auflage. Stuttgart 2006, S. 164–186.

9 Maurice Sendak: *Wo die wilden Kerle wohnen*. Köln 2013.

10 Felix Brauner, Tobias Nolte, Chloe Campbell, Julia Griem, Timo Storck, Peter Fonagy (submitted): *»Trust Me, Do Not Trust Anyone«: How Epistemic Mistrust and Credulity are associated with Conspiracy Mentality*.

11 Peter Fonagy, Tobias Nolte: *Epistemisches Vertrauen*. Stuttgart 2023.

12 Svenja Taubner: *Konzept Mentalisieren*. Gießen 2016.

13 T.F. Kreuzer, J. Erne, N. Behringer, A. Turner, F. Brauner, S. Gingelmaier, L.M. Müller, T. Nolte, N.H. Schwarzer, A. Beyer, H. Kirsch: »Mentalisieren als psychosoziale Impfung in der Kinder- und Jugendlichenpsychotherapie«, in: *Prax. Kinderpsychol. Kinderpsychiatr.*, 72(1), 14–22, 2023.

HAYA SHULMAN, MICHAEL WAIDNER

WELCHER TECHNOLOGIE KANN MAN VERTRAUEN?

Die Digitalisierung gehört zu den Megatrends unserer Zeit. In allen Lebensbereichen treffen wir auf digitale Technologien, und dieser Prozess läuft mit einer ungeheuren Geschwindigkeit ab. Diese rasante Entwicklung führt auch zu einer Zunahme von Cyberangriffen. Der Branchenverband BITKOM schätzt den jährlichen Schaden durch Cyberangriffe in Deutschland auf über 200 Milliarden Euro – eine horrende Summe. Je mehr und je tiefer Lebensbereiche digitalisiert werden, desto mehr lohnende Ziele gibt es für Cyberkriminelle. Jede Innovation, jede neue Technologie bietet Cyberangreifern, Kriminellen wie staatlichen Akteuren, neue Angriffspunkte.

Informationstechnologie (IT), insbesondere Cybersicherheitslösungen, müssen vertrauenswürdig sein. Das bedeutet, IT muss zuverlässig und mit hoher Qualität das tun, was sie soll, darf darüber hinaus aber nicht für Angriffe missbraucht werden können. Letzteres muss selbst dann gelten, wenn der Hersteller mit dem Angreifer zusammenarbeitet. Nicht vertrauenswürdige Cybersicherheit ist offensichtlich wertlos. Manche IT ist so schlecht gemacht, dass sie schon deshalb nicht vertrauenswürdig ist, meist ist das aber nicht so offensichtlich. Damit stellt sich die Frage, wie man als Verbraucher, Anwender, Staat zwischen vertrauenswürdiger und nicht vertrauenswürdiger IT unterscheiden soll.

In der analogen Welt gibt es dafür Standards, Zertifizierungen und Gütesiegel. Tatsächlich gibt es das alles auch in der digitalen Welt: Standards, wie man IT entwickelt und anbietet. Zertifizierungen, dass IT bestimmte Sicherheitstests erfolgreich überstanden hat. Einiges davon soll im kommenden *EU Cyber Resilience Act* festgeschrieben werden, und das wird der Qualität von IT einen deutlichen positiven Schub geben.

Zur Unterscheidung zwischen vertrauenswürdiger und nicht vertrauenswürdiger IT ist dieser Ansatz aber leider nicht ausreichend.

Der Grund ist, dass er einen vertrauenswürdigen Hersteller oder Anbieter voraussetzt. Stellen wir uns vor, ein Hersteller ist kriminell. Man braucht nicht viel Fantasie, um sich vorzustellen, wie ein solcher Hersteller die Daten seiner Kunden stehlen oder in die digitale Infrastruktur seiner Kunden einbrechen könnte. Meist müsste der Hersteller dafür irgendwelche zusätzlichen Funktionen, sogenannte Hintertüren, in sein Produkt einbauen. Man könnte hoffen, dass solche Hintertüren durch die oben erwähnten Sicherheitstests entdeckt werden. Aber leider trügt diese Hoffnung. Gut gemachte Hintertüren in größeren Produkten kann man kaum finden, dafür ist IT viel zu komplex, viel zu schwer zu analysieren und, da sie regelmäßig aktualisiert werden muss, auch viel zu dynamisch. Das alles gilt selbst bei reinen Softwareprodukten, und selbst dann, wenn man vollen Zugriff auf den Quellcode hat, wie bei Open-Source-Software. Hinzu kommt, dass Hintertüren meist so angelegt sind, dass, wenn man sie doch findet, sie wie zufällige Fehler aussehen und problemlos abgestritten werden können.

Natürlich sind die meisten Hersteller nicht kriminell, sondern wollen ihren Kunden gute und sichere IT liefern. Was aber, wenn ein Hersteller in einem Land angesiedelt ist, das es seiner Regierung erlaubt, Unternehmen zur heimlichen Spionage oder sogar Sabotage gegen ihre Kunden zu verpflichten? Tatsächlich gibt es in vielen Ländern entsprechende gesetzliche Regelungen, etwa in China und Russland, aber auch in den USA. Die Frage, ob IT vertrauenswürdig ist, lässt sich deshalb in den seltensten Fällen rein technisch beantworten, es ist meist auch oder sogar vorwiegend eine politische Frage. Um beim Thema dieses *Kursbuches* zu bleiben: Wer ist »Freund« und wer ist »Feind«? Vertraut man China und Russland, dass sie auf das Instrument der heimlichen und nahezu unentdeckbaren Spionage und Sabotage via Hersteller verzichten? Vertraut man Ländern, deren Werte näher an den unsrigen sind, etwa den EU-Mitgliedsstaaten, den USA, Taiwan, Südkorea?

Klar ist, dass wir nur mit IT aus Deutschland oder nur aus der EU nicht sehr weit kommen würden, zumal selbst die meiste IT »made in Europe« von Zulieferern oder Dienstleistern aus dem außereuropäischen Ausland abhängt. Chips und Hardware kommen vorwiegend aus Fernost, Software vorwiegend aus den USA. Wir müssen also einen pragmatischen Weg finden, wie wir mit dieser Situation umgehen. Nur mit »Feinden« werden wir in einer digitalisierten Welt nicht überleben, wir brauchen auch ein paar »Freunde«.

Zuallererst müssen wir uns von der in Deutschland immer noch weit verbreiteten Idee verabschieden, die Vertrauenswürdigkeit von IT könnte rein technisch beurteilt werden. Statt als Voraussetzung für die Einschätzung einer IT als nicht vertrauenswürdig eine »smoking gun« einzufordern, also einen Nachweis dafür, dass IT für einen Angriff tatsächlich missbraucht wurde, sollten wir akzeptieren, dass Vertrauenswürdigkeit auch und oft sogar vorrangig politisch beurteilt werden muss.

Wir müssen Technologieentscheidungen risikobewusst fällen, und wir dürfen nicht davor zurückschrecken, auch solche IT als nicht ausreichend vertrauenswürdig einzustufen, für die wir aktuell keine vertrauenswürdigere Alternative haben. Wir dürfen gemachte Fehler nicht ignorieren, sondern wir müssen versuchen, sie mit Augenmaß zu korrigieren. Wenn wir eine früher verbaute Technologie aus geopolitischen Gründen jetzt für zu riskant halten, müssen wir sie so schnell wie möglich ersetzen. Vielleicht geht das nicht sofort und auch nicht auf einmal, aber es muss dafür zumindest einen realistischen und zeitlich verbindlichen Plan geben.

Wirklich befreien werden wir uns aus der mangelhaften digitalen Souveränität aber nur, wenn wir wie China und die USA zu Innovationsführern in der Informationstechnologie werden und auf Dauer aus den heute sehr einseitigen Abhängigkeiten wieder wechselseitige Abhängigkeiten werden. Das klingt vermutlich für viele utopisch, Deutschland und Europa hätten aber insgesamt durchaus die Ressourcen und Fähigkeiten dafür. In der Forschung zur IT und insbesondere zur Cybersicherheit sind wir hervorragend aufgestellt, insbesondere in der angewandten Forschung. Es gibt sehr viele sehr gut ausgebildete Menschen. Staat und Gesellschaft sind stabil und bieten Unternehmen ein hohes Maß an Rechtssicherheit. Wir sollten uns nicht von der Größe Chinas und der USA abschrecken lassen, sondern eher von Ländern lernen, die sehr viel kleiner sind als wir und es trotzdem geschafft haben, IT-Innovationsführer zu werden, beispielsweise die Schweiz und Israel.

Islandtief (7)

NORDLICHTTRACKER UND BESTIMMUNGSAPPS

Die Berit-Glanz-Kolumne

Wenn in Island die Nächte von Tag zu Tag kürzer werden, nähert sich das Ende der Nordlichtsaison, und es beginnt die Vorfreude auf die Mitternachtssonne mit ihren langen hellen Nächten. Obwohl Polarlichter das ganze Jahr über aktiv sind, kann man sie auf der Nordhalbkugel im Sommer wegen der fehlenden Dunkelheit nicht mehr beobachten. Im April versuche ich deswegen oft, noch ein letztes Mal die Polarlichter zu sehen. Auch nach vielen Winternächten in Island, in denen ich die blaugrünen Lichterscheinungen gesehen habe, fasziniert es mich weiterhin so sehr, dass ich regelmäßig einen Wintermantel über meinen Schlafanzug ziehe und in der Kälte auf der Bank hinter meinem Haus sitze und in den Nachthimmel schaue.

Nordlichter sind kein planbares Naturphänomen, auch wenn einem die Vorhersagen und die vielen Angebote für Busexkursionen mit Nordlichtbeobachtung das Gegenteil suggerieren. Auf zahlreichen Websites und sogar beim isländischen Wetterdienst kann man Prognosen für die nächsten Tage finden. Anhand der auf der Sonne gemessenen Stürme und Eruptionen lässt sich die Wahrscheinlichkeit einschätzen, mit der die Polarlichter in den nächsten Nächten zu sehen sein werden. Die von grün bis rot-lila reichenden Lichterscheinungen werden von elektrisch geladenen Teilchen verursacht, die aufgrund von Sonnenwinden auf die Atmosphäre an den Erdpolen treffen. Deswegen gibt es die Polarlichter sowohl am Nordpol als Nordlichter oder

Aurora borealis als auch am Südpol, wo sie Südlichter oder Aurora australis heißen.

Das Naturphänomen ist nicht nur von den richtigen Winden auf der Sonne abhängig, sondern auch davon, dass die Wolkendecke sich öffnet und überhaupt den Blick auf den Himmel freigibt. Die Prognosen sind zwar hilfreich, aber oft ungenau: Manchmal kann trotz schlechter Vorhersage ein wundervolles Nordlicht sichtbar werden, und an anderen Tagen bleibt mit sehr hoher Wahrscheinlichkeit der Himmel dunkel, oder man sieht nur einige dünne hellgrüne Schlieren. Die Intensität von Aurora borealis verändert sich permanent, gerade sieht man es noch intensiv aus dem Fenster flackern, und wenn man die Schuhe angezogen hat, um es an der frischen Luft zu betrachten, ist es bereits wieder verschwunden oder an eine andere Stelle gewandert.

Weil man es bei den kalten Temperaturen auf Island und dem starken, oft unangenehmen Wind besonders in den Wintermonaten nicht unendlich lange draußen aushalten kann, sind technische Lösungen eine große Hilfe, wenn man die Erscheinungen nicht verpassen will. Ich habe deswegen eine App, die *Hello Aurora* heißt, installiert. Diese App sendet mir Pushnachrichten auf meinen Handybildschirm, wenn andere Menschen in der App für meinen Umkreis markieren, dass sie Aurora borealis beobachtet haben. Sobald die Benachrichtigungen auf meinem Smartphone vibrieren, schaue ich in den Himmel und sehe tatsächlich häufig Nordlichter.

Besondere Freude macht es mir, wenn ich zufällig ein Nordlicht sehe und die Erste bin, die es für meine Polarregion in der App markiert. Ich stelle mir dann vor, wie die von mir ausgelöste Pushnachricht andere Interessierte vor die Tür treibt und sie sich mit Blick in den Himmel freuen. In der Aurora-App kann man außerdem die Intensität des beobachteten Phänomens einordnen. Manchmal bin ich unsicher, ob meine Einschätzungen der Intensität von Nordlichtern mit den anderen Nutzern übereinstimmen. Die Freude über die erfolgreiche Beobachtung bringt offensichtlich einige dazu, ihr eigenes Erlebnis als besonders intensiv zu markieren. Es kann dann mitunter ein wenig desillusionierend sein, wenn das eigene, als besonders schön wahrgenommene Nordlicht von anderen auf der Plattform nur als schwach oder mittelmäßig markiert wird. Denn die App ist unter anderem ein Spielplatz für passionierte und oft auch abgeklärte Nordlichtjäger, die seit Jahren Aurora borealis beobachten und dokumentieren und die Intensität des Phänomens deswegen realistischer einschätzen können.

Fotografien der aktuell beobachteten Leuchterscheinungen können in der App hochgeladen werden. Ein Blick in die Bilder, die dort auftauchen, verrät einiges über die Zielgruppe der App. Neben professionellen Bildern mit detailscharfen Abbildungen des Farbspektrums finden sich auch viele spontan geschossene Smartphone-Aufnahmen. Die App wird sowohl von interessierten Laien, beispielsweise Touristen und Privatpersonen, als auch von professionellen Anwendern genutzt, die mithilfe der App beispielsweise nächtliche touristische Exkursionen leiten oder sich auf die Dokumentation der Nordlichter spezialisiert haben. Dazu passt auch, dass die App ausführlich mit Grafiken, Zahlenwerten und Erklärungen die Bedingungen abbildet, unter denen Aurora borealis sichtbar werden kann, unter anderem die Position des interplanetaren Magnetfeldes zum Erdmagnetfeld, die exakte Geschwindigkeit der gemessenen Sonnenwinde und ein Überblick über die aktuellen Wetterdaten.

Zunächst hatte ich die App installiert, um mehr Nordlichter zu sehen, und tatsächlich hat sich, seitdem ich regelmäßig Pushnachrichten bekomme, meine Anzahl an Himmelsbeobachtungen drastisch erhöht. Mit der Zeit habe ich aber begonnen, mehr Informationen über die in der App angezeigten Werte zu sammeln und dadurch das Phänomen Aurora borealis insgesamt besser zu verstehen.

Meine Erfahrungen mit der Nordlichtapp sind Teil eines in den letzten Jahren immer stärker zunehmenden Trends, verschiedene Apps zu verwenden, die sich der Naturbeobachtung und der Bestimmung von Flora und Fauna widmen. Auf meinem Smartphone finden sich mittlerweile diverse Pflanzenbestimmungsapps, eine App zur Vogelbestimmung, eine für Insekten und außerdem eine App, mit der ich den Nachthimmel fotografieren kann und die mir dann die Sternkonstellationen erklärt, die dort zu finden sind. Bestimmungsapps ersetzen seit einigen Jahren zunehmend die zuvor verwendeten Bestimmungsbücher.

Ab dem späten 19. Jahrhundert wurde das Angebot an eine breitere Bevölkerungsschicht, Pflanzen und Tiere mithilfe von Anleitungsbüchern und Bildtafeln zu bestimmen, immer populärer. Diese Entwicklung war eng mit der technischen Entwicklung günstiger Drucktechniken verbunden, die für die Bildtafeln in Bestimmungsbüchern entscheidend sind. Die naturwissenschaftlich informierte Erkundung der eigenen Umgebung mithilfe von Bestimmungsbüchern setzte schon damals einiges an Übung voraus. Um ein Bestimmungsbuch zu nutzen, musste man die Merkmale - wie Blattform oder besondere Farbmuster von Tieren - für einzelne botanische oder zoologische Untergruppen erkennen. Bestimmt man mithilfe von Bestimmungsbüchern Tiere oder Pflanzen, dann entwickelt man mit der Zeit einen immer besseren und genaueren Blick auf die Natur ihrer Umgebung, da nur so die eigene Beobachtung von anderen ähnlichen Pflanzen oder Tieren abgegrenzt werden kann.

Die vielen digitalen Bestimmungsapps der Gegenwart funktionieren völlig anders. Mit meiner Pflanzenapp mache ich beispielsweise ein Foto von Blüten, Blättern und Wuchsform der Pflanze, worauf hin mir die App mitteilt, um welche Pflanze es sich handelt. An vielen dieser Bestimmungsapps, wie *Pl@ntNet* oder *iNaturalist*, wird schon seit vielen Jahren gearbeitet. Sie resultieren oft aus Kooperationen von universitärer Forschung, Nichtregierungsorganisationen und Institutionen wie Museen oder Naturzeitschriften. Die Bestimmungshilfen von *iNaturalist*, die in Zusammenarbeit der National Geographic Society und der California Academy of Sciences entwickelt wurden, gibt es beispielsweise seit 2008. Auch das in Frankreich entwickelte *Pl@ntNet* ist schon seit einer Dekade auf dem Markt. In Deutschland bietet beispielsweise der NABU verschiedene Bestimmungsapps an, mit denen man nicht nur Vögeln oder Pflanzen auf die Spur kommt, sondern auch Käfer, Schmetterlinge oder Libellen bestimmen kann.

Die Grundlage dieser Apps ist ein Algorithmus, der mit Datensätzen trainiert wird, Pflanzen oder Tiere auf Bildern zu erkennen. Das ist auch deswegen für die Informatik interessant, weil es als typisches Klassifikationsverfahren einen beispielhaften Anwendungsfall für maschinelles Lernen darstellt. Die Fortschritte der letzten zehn Jahre im Bereich der künstlichen Intelligenz haben auch die Genauigkeit der Bestimmungsapps drastisch verbessert. Die computergestützte Tier- und Pflanzenerkennung wird durch die Masse an nutzergenerierten Bilddaten permanent genauer.

Neben der kontinuierlichen Verbesserung der Apps sind mittlerweile auch zusätzliche Geräte verfügbar, die das Erkunden und Erschließen von Natur durch Technologie möglich machen. Mit dem Echo-Meter, das direkt an das Smartphone angeschlossen werden kann, können beispielsweise Fledermäuse geortet, aufgezeichnet und bestimmt werden. Indem die Anwenderinnen und Anwender ihre Beobachtungen in die Bestimmungsapps eintragen, die gerade im Angesicht einer schwindenden Artenvielfalt ständig beliebter werden, generieren sie eine große Menge an Daten, die zur Auswertung von Veränderungen in der Artenvielfalt eingesetzt werden können.

Wie die populären Bestimmungsbücher vor mehr als hundert Jahren tragen auch diese Apps dazu bei, das Interesse an der Natur, die uns in Alltag und Urlaub umgibt, zu verstärken. Zusätzliche Nutzungsanreize bietet der Sammeleffekt: Man möchte eigene Beobachtungen hochladen und dokumentieren. Die Suche ähnelt dabei fast populären GPS-basierten Handyspielen wie *Pokémon Go*, in dem man verschiedene fiktive Monster in der realen Welt sammeln muss. Im Gegensatz zu der oft geäußerten Befürchtung, dass die maschinell gestützte Bestimmung uns von den Klassifikationskriterien entfremdet, da wir beispielsweise nicht mehr eigenständig die Unterschiede von Blatt- und Blütenformen erkennen müssen, haben die oft kostenlos verfügbaren Apps die Einstiegshürden in die bewusste Beobachtung von Natur deutlich reduziert.

Die in den Apps verfügbaren Informationen ermöglichen es allen Interessierten zu verstehen, was die Spezifika einer Pflanze ausmacht. Das initiale Interesse, einfach nur rasch eine Pflanze am Straßenrand kennenzulernen, kann so langfristig das Bewusstsein für die Tier- und Pflanzenwelt verändern. Meine Suche nach Aurora borealis hat mich zu der App *Hello Aurora* geführt, und durch die dort enthaltenen Daten und Messungen habe ich die Entstehung von Nordlichtern besser verstehen und verfolgen können. Analog verhält es sich mit meinen Pflanzen- und Vogelbeobachtungen. Erst die Apps haben mein anfangs nur oberflächliches Interesse für meine Umgebung vertieft. Und wenn ich mit den von mir generierten Daten rückwirkend dazu beitragen kann, dass die Natur auch wissenschaftlich besser verstanden wird, dann ist meiner privaten Freude an den Apps noch eine weitere Dimension hinzugefügt worden. Genau wie die frühen Bestimmungsbücher und Bildtafeln erst aufgrund von Veränderungen in der Drucktechnik des 19. Jahrhunderts ermöglicht wurden, hat uns der technologische Wandel durch die Digitalisierung unserer Gegenwart die Gelegenheit gegeben, mit Handys rasch an Informationen über die Natur zu gelangen, der wir begegnen. Aus spontanem Interesse kann so eine tiefergehende Recherche- und Beobachtungsleidenschaft werden, die gerade im Angesicht der rapide abnehmenden Artenvielfalt für manche Tier- und Pflanzenentdeckungen auch eine letzte Chance sein kann.

Ulv Philipper

ASTRAL ODER WIE ALLES BEGANN

Es gibt Ereignisse in unserem Leben, die im Bruchteil einer Sekunde alles, an das wir kurz zuvor noch fest geglaubt haben, mit der zerstörerischen Gewalt eines Tsunamis überrollen und uns mit dem Scherbenhaufen einstiger Überzeugungen entwurzelt und hilflos zurücklassen. Und obwohl es mir schwerfällt, das Erlebte niederzuschreiben, bin ich überzeugt, dass es notwendig ist ... Der Tag, von dem ich berichten möchte, fing natürlich, wie sollte es auch anders sein, völlig harmlos an. Nichts wies im Geringsten darauf hin, wie dramatisch er enden sollte. Inspiriert von dem spätsommerlichen Wetter, brachen meine Frau, unser English Setter Astral und ich zu einem Ausflug zum nahe gelegenen Möhnestausee auf. **Astral war mein Vorzeigehund.**

Ein English Setter wie aus dem Bilderbuch. »Dual Purpose«, wie sein stolzer Züchter bei jeder möglichen Gelegenheit betonte. Das bedeutet, sowohl Optik als auch jagdliche Leistungsfähigkeit bildeten wie Yin und Yang ein harmonisches Gesamtes. Astral sah umwerfend aus, und das wusste er auch. Er liebte es, am Ufer des Sees herumzutollen und die Möwen zu verscheuchen. Meine Frau und ich genossen es, ihm zuzuschauen. Ein paar Minuten den Alltag vergessen. **Der krönende Abschluss dieser Auszeit sollte die Überquerung der Staumauer sein.**

Schon seit meiner Kindheit übte dieses Bauwerk eine gewisse Faszination auf mich aus. Auf der einen Seite der angestaute, fast greifbar nahe See und auf der anderen Seite die schwindelerregende Tiefe des Überlaufbereiches am Unterlauf der Möhne. Vielleicht ist es das

Gegensätzliche, wie bei Olymp und Hades, das die Anziehungskraft dieser monumentalen Architektur ausmacht. Auf das Studium einer Gedenktafel konzentriert, hatte ich Astral nur einen Augenblick aus den Augen verloren. Ich wähnte ihn nur einige Schritte hinter uns. **Plötzlich aber huschte ein Schatten seitlich an mir vorbei, der sich mit hoher Geschwindigkeit auf die Mauer der Überlaufseite zubewegte.**

Nach dem ersten Erkennen, dass es sich bei diesem Schatten um Astral handelte, nahm ich das nun Folgende nur noch in Zeitlupe wahr. Ich war wie gelähmt, vollkommen unfähig einzugreifen. Alles ging so schnell. Das hört sich widersprüchlich an, aber jeder, der schon einmal Vergleichbares erlebt hat, weiß, wovon ich spreche. **Ich konnte nur ohnmächtig mit ansehen, wie Astral mit einem enormen Sprung das steinerne Hindernis fast mühelos überwand.**

Nie wieder in meinem Leben werde ich diesen Gesichtsausdruck vergessen, bevor er in die Tiefe stürzte. Allein der Gedanke an das Entsetzen in seinem Blick, als ihm bewusst geworden war, dass hinter dem Wall aus Steinen keine weite Wiese, sondern der Abgrund auf ihn wartete, löst bei mir noch Jahrzehnte nach dieser Tragödie die Empfindung absoluten Kontrollverlustes aus.

Obwohl uns nur wenige Meter voneinander trennten, war er für mich in diesem Moment unerreichbar. **Dann war er verschwunden. Totenstille.**

Auch wenn sich unzählige Personen auf der Talsperre befanden, habe ich selbst niemanden mehr wahrgenommen. Ich rannte zu der Stelle der Brüstung, an der ich Astral das letzte Mal gesehen hatte, und versuchte, über die Mauer zu schauen. Dabei musste ich mich auf die Zehenspitzen stellen, um überhaupt das weit unter mir liegende Ufer erkennen zu können. **Fieberhaft suchte ich mit meinem Blick nach seinem leblosen Körper.**

Denn beim Anblick der Tiefe war mir sofort klar, dass diesen Sturz niemand hätte überleben können. Ich kann es nur schwer mit Worten beschreiben, aber in diesem Moment wollte ich ihn finden und mit nach Hause nehmen. Mit der traurigen Gewissheit, ihn für immer verloren zu haben, lief ich zum Ende der Sperrmauer, um von dort bergab an das dicht bewachsene Ufer weit unten zu gelangen. Die Vegetation versperrte jede Sicht. Egal in welche Richtung ich schaute, Astral blieb verschwunden.

Auch wenn es vollkommen irrational war, einen kurzen Augenblick lang hatte ich gehofft, er hätte den Fall schadlos überstanden, liefe am Ufer lang und jagte fröhlich, wie noch vor wenigen Stunden, den Möwen nach. Ein vollkommen abwegiger Gedanke, aber so typisch für uns Menschen. **Wir besitzen die Fähigkeit zur Hoffnung, die es uns immer wieder ermöglicht, an das Unmögliche zu glauben.**

Doch die Realität riss mich gnadenlos aus dieser Illusion, als ich seinen regungslosen und vollkommen verdrehten Körper durch eine Lücke im Buschwerk entdecken konnte. Die letzten Schritte zu ihm waren die schwierigsten. Und wieder versuchte mir mein Gehirn Hoffnung vorzugaukeln.

Glaubte ich, ein vorsichtiges Schwanzwedeln gesehen zu haben?

Als ich Astral erreicht hatte, hob er seinen Kopf und versuchte, sich aufzurichten, was seine zertrümmerten Vorderläufe jedoch nicht zuließen. **Ich kniete mich neben ihn, und er legte seinen Kopf auf meinen Oberschenkel.**

Er schaute mir in die Augen, und sein Blick drückte seine Freude über mein Eintreffen aus. Als ob wir uns vor einer Ewigkeit verloren hätten. Er entspannte sich. Es schien, als wollte er mir signalisieren, dass er sich noch einen Moment ausruhen möchte, um dann mit mir nach Hause zu gehen. **Der Vorhang schließt sich. Ende erster Akt.**

Auszug aus dem Buch: *Dog Experience. Der Schlüssel zum perfekten Team*, Hamburg 2023. Abdruck mit freundlicher Genehmigung der Murmann Publishers.

Armin Nassehi

Der zivilisierende Staubsauger

Wie man mit Freunden und Feinden leben kann

Zygmunt Bauman hat 1992 in einem Text über den Fremden eine Bestimmung von Freund und Feind vorgenommen. Er schreibt: »Es gibt Freunde und Feinde. Und es gibt *Fremde*.«[1] Bauman ging es darum, die besondere Stellung des Fremden zu beschreiben, dessen Herausforderung gerade darin besteht, dass er unbestimmt ist, dass er sich den üblichen Kategorisierungen und Eindeutigkeiten entzieht, dass er das Unvertraute selbst darstellt, dass wir zu wenig über den Fremden und das Fremde wissen, um eine gewisse Vertrautheit zu erreichen.

Es soll hier nicht um den Fremden gehen. Aber Baumans Einstieg in das Thema ist sehr wertvoll für die Bestimmung von Freund und Feind, den er als »vertrauten Antagonismus« einführt. Denn: »Gegen diesen vertrauten Antagonismus, dieses konflikthafte Einverständnis von Freunden und Feinden rebelliert der Fremde.«[2] Der Fremde firmiert hier nicht einfach als fremd, sondern als Störung der sozialen Ordnung, weil er sich den »vertrauten« Antagonismen der Gesellschaft entzieht – hier chiffriert als »Freund und Feind«.

Übrigens spricht Bauman hier nicht über den empirischen Fremden, sondern über die Kategorie des Fremden, also über die Bedingung dafür, das Fremde als das Fremde anzusehen. Vertraut, so könnte man dann schließen, wird der Fremde nur sein oder werden können, wenn er Freund oder Feind ist, also in den vertrauten Kategorien der Gesellschaft vorkommt. Empirisch gesehen sind diejenigen, die wir fremd nennen, nicht fremd in Baumans kategorialem Sinn, sondern vertraut als Leute, über die man mehr weiß, als es zunächst den Anschein hat. »Mehr wissen« heißt: das Fremde in vertraute Kategorien, Unterscheidungen und Wissen einzuordnen.

In Baumans Sprachgebrauch würde das bedeuten: Der Fremde kann seine Fremdheit nur überwinden, wenn er entweder Freund ist oder Feind – und beides kommt empirisch durchaus vor: als positiv besetzte Exotisierung des Fremden, als Interesse an Anderem, als Objekt des Lernens und Gelegenheit zur Reflexion, als Projektionsfläche für eigene Sehnsüchte oder auch nur als Bestätigung von Stereotypen; aber eben auch als negativ besetzte Form der Bedrohung, des abzuwertenden Falschen, des beängstigenden Unvertrauten, des zu vernichtenden Gegners. Solche Fremde sind in Baumans Sinne geheilte Fremde, weil sie im vertrauten Kategoriensystem einen Ort haben und entsprechend verarbeitet werden können.[3]

Das erste Ergebnis dieser Überlegungen besteht darin, dass keineswegs der Freund das Vertraute und der Feind das Unvertraute sei. Vertraut ist vor allem die Unterscheidung von Freund und Feind, eine Unterscheidung, die in der Lage ist, (zumeist) zwei Seiten in eine konflikthafte Ordnung zu bringen. Die Unterscheidung von Freund und Feind, überhaupt die Logik des Unterscheidens, vor allem wenn die Unterscheidung binär bleibt, ist ein starker Generator von Ordnung.

Der Konflikt als »vertrauter Antagonismus«

Bauman selbst spricht, wie oben beschrieben, vom »konflikthaften Einverständnis von Freunden und Feinden«. Um die Unterscheidung zu verstehen, ist es lohnenswert, sich über den Begriff des Konflikts zu nähern. Konflikte sind letztlich schon durch die Formen der Sprache bestimmt. Die Sprache hat die Möglichkeit, »Nein« zu sagen, also auf eine Offerte negativ zu reagieren, ohne sie negieren zu können. Wenn jemand etwas sagt und ich reagiere mit einem »Nein«, wird die Offerte weder vernichtet noch unsichtbar gemacht. Sie bleibt nach wie vor bestehen, und im Raum stehen dann sowohl Offerte als auch das »Nein«. Ein Konflikt besteht folglich nicht in der Vernichtung des Gegenübers, sondern darin, dass zugleich zwei unterschiedliche Möglichkeiten oder Perspektiven denkbar sind, die die Dinge ordnen können. Ein Konflikt lebt von konfligierenden Teilen, die voneinander abhängig und gerade deshalb Ordnung zu stiften in der Lage sind.

Die Gleichzeitigkeit von positiver und negativer Stellungnahme ist das, was eine Konfliktform ausmacht – und von besonderem Interesse am Konflikt ist deshalb, wie er sich von konkreten Anlässen unabhängig machen kann. Nicht jede Nein-Stellungnahme, die zwar die Grundlage oder die Voraussetzung für einen Konflikt darstellt, erzeugt eine eigene Dynamik und damit so etwas wie eine selbstständige Struktur. Wo das aber geschieht, können Konflikte durchaus in der Lage sein, alles andere der Logik des Konflikts zu unterwerfen. Was Bauman einen vertrauten Antagonismus nennt, sind auf Dauer gestellte Formen des Konflikts, die auch bei komplexen Problemlagen in der Lage sind, diese auf binäre Unterschiede herunterzubrechen.

Am Beispiel der öffentlichen Debatte um die angemessene Unterstützung der Ukraine angesichts des russischen Angriffskrieges lässt sich das sehr gut nachverfolgen – es wird hier jedenfalls deutlich, wie es gut integrierten Konflikten gelingen kann, alles dem eigenen Gegensatz unterzuordnen. *Wer nicht für Verhandlungen, also Frieden, plädiert, ist für den Krieg* – diese einfache Gleichung hat es durchaus geschafft, Aufmerksamkeit zu erlangen. Ein außerordentlich komplexes Geschehen wird an der Unterscheidung von »Verhandlung versus Krieg« in eine kalkulierbare Ordnung überführt und vermag durch Begriffsbildung, durch die Zuweisung von Personen, durch moralische Urteile und so weiter Erwartbarkeiten zu erzeugen, die jegliche Grauschattierung unsichtbar machen können.

Am Begriff des Bellizismus lässt sich das ablesen: Bellizist ist demnach derjenige, der für eine militärische Unterstützung der Ukraine eintritt, selbst jemand wie Jürgen Habermas ist sich nicht zu schade, diesen Begriff zu verwenden und sein volles Potenzial innerhalb des Diskurses in Anspruch zu nehmen.[4] Der Begriff funktioniert nicht, *obwohl* er die Dinge vereinfacht, sondern *weil* er es kann. Wer Bellizisten identifizieren kann, macht deren andere Seite zu Pazifisten; wer für Waffenlieferungen an die Ukraine eintritt, tritt gegen Verhandlungen ein; wer Partei für die Ukraine übernimmt, ist ein Gegner »der Russen«. All diese Formen funktionieren, weil sie innerhalb des Konflikts von den konkreten empirischen Bedingungen absehen können und insofern neue empirische Bedingungen erzeugen – empirische Bedingungen einer Konfliktsituation, die in der Lage ist, »Freund« und »Feind« als eine vertraute Unterscheidung mit vertrauten Positionen zu positionieren. Dagegen können sich Sprecherinnen und Sprecher bisweilen kaum wehren – also solche Sprecher, die innerhalb eines solchen Konflikts differenziertere oder dritte Positionen vertreten. Sie werden von dem etablierten Konflikt aufgesogen oder ausgespuckt – und darin sind sich dann bisweilen die konfligierenden Parteien sehr ähnlich.

Den Autorinnen und Autoren der verschiedenen *Offenen Briefe*[5] anlässlich des Krieges in der Ukraine ist es wirklich gut gelungen, das Problem zu simplifizieren – was übrigens auch den nicht unerheblichen Zuspruch erklären mag. Wer Verhandlungen fordert, tut zunächst so, als seien andere gegen Verhandlungen und als werde nicht ohnehin permanent auf unterschiedlichen Ebenen verhandelt und sondiert, etwa im Rahmen von Gefangenenaustauschen oder Getreideabkommen, aber auch Kommunikation auf der Ebene der Staatschefs.

Trotz alldem hält sich die Unterscheidung *Verhandlungen statt Waffenlieferungen* stabil, denn zu gut integrierten Konflikten gehört es auch, dass sie sich von sachlichen Fragen abkoppeln können. Es reicht schon, sich der einen oder anderen Seite zuzuordnen oder zugeordnet zu werden.

Das heißt nicht, dass die Dinge nicht auch differenzierter diskutiert werden können – aber auch solche differenzierten Diskurse können von den vor allem öffentlich wirksamen Konfliktformen infiziert werden, sodass auch hier Graustufen unwahrscheinlicher werden oder korrumpiert werden können.

An diesem Beispiel lässt sich gut ablesen, wie schwer es ist, aus einer solchen Konfliktlogik auszusteigen und Kommunikation durch andere Unterscheidungen zu stören. Im Sinne Baumans müsste man versuchen, *fremd* zu werden, also unbestimmbar, genau genommen: gefährlich. Vielleicht liegt die Funktion von stabilen Konflikten auch darin, genau diese Gefahr zu minimieren. Konflikte sind dann wie Staubsauger: Sie sammeln alles ein und erzeugen zugleich saubere Verhältnisse. Es bleibt nichts liegen, was irgendwie in den Konfliktantagonismus passen könnte. Das öffentliche Interesse an Konflikten profitiert von der Simplifizierungsfunktion des Konflikts. Es macht die Dinge berechenbarer und damit handhabbarer, wenn man Freund und Feind besser unterscheiden kann. Man lebt immerhin voneinander.

Ein schönes Beispiel dafür ist das marxistische Denken. Es hielt lange an einem unumstößlichen binären Grundkonflikt fest. Der große Erfolg dieser Konstruktion besteht darin, jeden Konflikt, genau genommen alles, was geschieht, als Derivat eines einzigen Konfliktschemas zu sehen, das Marx auch noch historisch ableitet. Hätten alle früheren Gesellschaften vielfältige und geradezu unübersichtliche Klassengegensätze gehabt, reduziere sich das in der Moderne auf die Eliminierung alles Fremden, dürfte man wohl mit Bauman sagen. Im »Manifest der kommunistischen Partei« schreiben Marx und Engels: »Unsere Epoche, die Epoche der Bourgeoisie, zeichnet sich jedoch dadurch aus, dass sie die Klassengegensätze vereinfacht hat. Die ganze Gesellschaft spaltet sich mehr und mehr in zwei große feindliche Lager, in zwei große, einander direkt gegenüberstehende Klassen: Bourgeoisie und Proletariat.«[6] Carl Schmitt, der alles Politische auf den Gegensatz von Freund und Feind reduziert, hat Marx zugestimmt, weil eine binäre Unterscheidung viel stabiler sei als etwa Konflikte zwischen drei Parteien wie bei Hegel oder Comte: »Der Dreigliedrigkeit fehlt […] die polemische Schlagkraft der zweigliedrigen Antithese.«[7] Andere Konflikte schrumpfen zu Nebenwidersprüchen, die mit der Aufhebung des Hauptwiderspruchs mit aufgehoben würden – so das Versprechen.

Dieses Beispiel bezeugt die enorme Potenz binärer Konfliktkonstruktionen und vertrauter Antagonismen. Wenn es gelingt, etwas ganz einem Konfliktantagonismus unterzuordnen, entstehen tatsächlich stabile Verhältnisse. Man kann an der marxistischen Denkungsart gut ablesen, wie die Integrationsfunktion des Konflikts wirkt: Der Konflikt löst ein Ordnungsproblem, bleibt aber gleichzeitig empirisch beweglich, weil der Antagonismus auf unterschiedlichste Nebenschauplätze ausgeweitet werden kann. Es ist verführerisch, die gesamte Gesellschaft entlang *einer* grundlegenden Konfliktlinie zu sortieren. Der Verlust an empirischer Tiefenschärfe wandelt sich dann in den Gewinn einer übersichtlichen Struktur, die einfacher ist als das, was sie repräsentiert. Konflikte sind aber erheblich vielfältiger vorzufinden.

Damit ist aber nicht das letzte Wort über Konflikte und ihren Antagonismus von Freund und Feind gesprochen, denn Konflikte ermöglichen es auch, Antagonismen produktiv zu machen oder durch stabilen Gebrauch genügend Beweglichkeit zu erzeugen, um stabile Formen der Anschlussfähigkeit zu erzeugen. Im politischen Bereich ist es tatsächlich die Etablierung der Opposition im politischen System. Dass es in den westlichen Industriegesellschaften nach dem Zweiten Weltkrieg auf sehr ähnliche Weise Mitte-rechts- und Mitte-links-Parteien gegeben hat, hatte mindestens auf zwei Ebenen eine ordnende Wirkung – ordnend in dem Sinne, dass auch im Konfliktfall die konfligierenden Parteien nicht die Ordnung als solche infrage gestellt haben, sondern dem Konflikt eine politisch bearbeitbare Form geben konnten.

Mitte-rechts- und Mitte-links-Modelle waren sich einig darüber, an welchen durchaus unterschiedlichen Konfliktlinien sie sich streiten. Sozial- und wirtschaftspolitisch ebenso wie gesellschafts- und bildungspolitisch entstanden kalkulierbare Erwartungen, die man dahin gehend kritisieren kann, dass sie auch zu einer Entpolitisierung beigetragen haben, weil des einen Perspektive allzu sehr das Negativ des anderen wurde – und das ganz nach dem Schema wie oben im Hinblick auf andere Konflikte beschrieben: als Staubsauger, der aufnimmt, was sich ihm in den Weg stellt. Das machte es geraume Zeit für politische Strömungen an den Rändern – rechts wie links – schwer, innerhalb des parlamentarischen Systems Fuß zu fassen. Die Mitte-Staubsauger konnten vieles, was in der Gesellschaft an alternativen Formen entstand, wegsaugen, auch wenn es immer wieder zu Versuchen kam, sich dem Antagonismus zu entziehen. Dass es rechts der Union und links der SPD in Deutschland keine legitimen politischen Kräfte geben sollte, war nicht einfach ein Abbild von politischen Positionen und Überzeugungen, sondern die Leistung eines politischen Antagonismus, der diese Staubsaugerfunktion sehr produktiv erfüllen konnte – »produktiv« ist nicht als politische Wertung zu verstehen, sondern eher als eine strukturelle Beobachtung, die die Freund-Feind-Unterscheidung handhabbar macht und damit natürlich viel ausblendet, was sonst sichtbar geworden wäre.

Man kann die Funktion der Demokratie auch darin sehen, dass innerhalb des politischen Systems durch Etablierung der Opposition Alternativen und damit eine höhere Komplexität für Sachlösungen etabliert werden kann. Zugleich aber bedeutet es auch, dass die Alternativen auf ein Maß zurückgestutzt werden, das durch die Verfahren selbst begrenzt wird.

In Situationen, in denen die im politischen Diskurs etablierten Konfliktformen mit ihrer Staubsaugerfunktion zu viel zurücklassen, gerät der politische Konflikt selbst in eine Krise. Bleibt der Konflikt noch handhabbar und kann er die Unschärfen im Hinblick auf seine Umwelt selbst domestizieren. Was man politisch »Volksparteien« genannt hat, sollte sowohl in verschiedenen Milieus als auch im Hinblick auf unterschiedliche Sachlösungen dafür sorgen, dass wenig Lücken bleiben. Dass die Unterscheidungen weniger trennscharf geworden sind, kann man an der Etablierung populistischer Parteien erkennen, manchmal auch daran, dass sich politische Handschriften schwerer auseinanderhalten lassen, was personalisierten und autokratischen Modellen womöglich einen besonderen Auftrieb verschafft, die sich als elitäre Formen der Elitenkritik etablieren können und damit den Konflikt gewissermaßen aus den politischen Verfahren und ihren Institutionen herausentwickeln und ein Innen-Außen-Verhältnis aufbauen. Der Konflikt wäre dann einer zwischen den »etablierten Parteien« und den »Menschen« oder zwischen D.C. und Amerika – solange dies durch kommunikative Bestätigung funktioniert.

Ein produktiver Konflikt wäre folglich einer, der in der Lage ist, von Freund-Feind-Konstellationen zu profitieren – freilich auf Kosten der prallen Fülle aller Möglichkeiten, die aber in ihrer prallen Fülle nicht für gesellschaftliche Bearbeitung handhabbar sind. Frei flottierende Freunde und Feinde, oder besser: Freundschaften und Feindschaften, würden jede Gesellschaft überfordern, es wäre ähnlich dem, was die frühe politische Philosophie als »Naturzustand« beschreiben würde, in dem man stets Sorge haben musste, von anderen angegriffen zu werden.[8]

Die Zivilisierung der Feindbeobachtung

Feindbeobachtung, um diesen militärischen Begriff zu gebrauchen, ist die vielleicht explosivste Form der gesellschaftlichen (Selbst-)Beobachtung. Man kann daran lernen, wie beliebig sich Freund-Feind-Linien ziehen lassen – die Geschichte der Diskriminierungen und Ausgrenzungen, der Grenzziehungen und der Limitationen des Menschlichen ist vielfältig und folgt keiner inneren Logik – außer der Logik, Freund und Feind zu scheiden.[9]

Die klassische Figur des inneren Feindes ist der Jude, dessen großer Makel darin besteht, dass seine einzige Abweichung darin besteht, sich nicht wirklich zu unterscheiden. Die Bemühungen um die Emanzipation der Juden im 19. Jahrhundert haben zwar für rechtliche Gleichheit gesorgt, konnten aber gegen die *gesellschaftliche* Form der Feindbeobachtung kaum etwas ausrichten.[10]

Sollte die gesellschaftliche Modernisierung so etwas wie einen Zivilisierungsprozess kennen, ist es die Institutionalisierung von Freund-Feind-Antagonismen in und durch (zumeist rechtlich normierte)

Verfahren. Die Komplexität einer modernen Gesellschaft erhöht die Wahrscheinlichkeit von Nein-Stellungnahmen – also von Kritik, von Abweichung von Uneindeutigkeit, von Differenzen – und muss deshalb unmittelbar mit Konflikten umgehen, deren Lösung nicht die Unterdrückung des Konflikts etwa durch Herrschaft oder Eliminierung des Konfliktgegners sein kann.[11] Dafür haben sich Formen der gesellschaftlichen Bearbeitung statt Vermeidung von Konflikten in vielfältiger Form entwickelt, die nicht der Konfliktvermeidung, sondern der Konfliktentfaltung dienen. Klassischerweise denkt man hier an die Opposition im politischen System, also die Integration der anderen Seite der Regierung als Teil des politischen Prozesses – dieser wird dann nicht aus den Institutionen des Politischen und dessen Verfahren exkludiert, sondern inkludiert und damit partiell entdramatisiert. Verfahrensrechte im politischen Prozess haben vor allem die Funktion, die Kritik und das Opponieren mit Rechten auszustatten, die sich nicht aus politischer Macht ableiten, sondern daraus, gerade keine Macht-, dafür aber Partizipations- und Kommunikationsoptionen zu haben.

Außerhalb der unmittelbaren politischen Verfahren ist es politischer Protest, der Dramatisierung und Entdramatisierung politischer Gegnerschaft verbindet. Protest dramatisiert (und simplifiziert zumeist) politische Kommunikation, gehört aber zum erwartbaren (und rechtlich abgesicherten legitimen) kommunikativen Haushalt einer politischen Öffentlichkeit, die sich damit daran gewöhnt, Gegnerschaft einschätzen zu können und ihr eine beendbare Form zu geben. Vielleicht ist das das Entscheidende am Protest: dass er undramatisch enden kann, ohne dass das Ende gleichbedeutend mit einer Niederlage oder einem Scheitern wäre, sondern schlicht erwartbar wird und ist.

Auch Tarifkämpfe gehören in diese Kategorie der formierten Form von Gegnerschaft, die sich vor allem dadurch auszeichnet, dass die »Feindschaft« der konfligierenden Parteien ganz im Sinne von Bauman einen »vertrauten Antagonismus« abbildet, in dem sogar gewissermaßen konsensuell (rechtlich und verfahrenstechnisch) festgelegt ist, worüber am Ende entschieden werden kann und worüber nicht. Man mag es bedauern, dass der Streit in diesem Falle so eingehegt ist und damit keine »wirklichen« Veränderungen möglich sind, aber die institutionelle Formierung solcher Auseinandersetzungen macht den Konflikt zumindest entscheidbar – nicht lösbar im engeren Sinne, sondern entscheidbar im Hinblick auf die Weiterführung der konfligierenden Konstellation.

Ähnliches gilt für rechtliche Prozesse, die konfligierenden Parteien Positionen zuweisen und damit Gegnerschaft konstruieren und sie auf entscheidbare Fälle reduzieren. Das Rechtssystem löst nicht bestehende Konfliktfälle, sondern gibt Konfliktfällen eine Form, die auf Entscheidbarkeiten hinausläuft, und zivilisiert damit das Verhältnis von Antipoden. Das Entscheidende ist die Erwartbarkeit der Gegnerschaft und damit ihre gleichzeitige Dramatisierung und Entdramatisierung.

Neben rechtlichen und politischen Verfahren (die am Ende auch rechtlich formiert sind) hat sich im Laufe von Modernisierungsprozessen zugleich eine eher lose gekoppelte Form von sichtbarer Kritik etabliert – man denke etwa an Kunst-, Literatur-, Musik- und Stilkritik, aber auch an Kritikverfahren in der Wissenschaft oder an öffentliche Debatten zu allen möglichen Themen. Auch hier können Nein-Stellungnahmen nur deshalb funktionieren, weil diese erwartbar werden und gerade *nicht* den Effekt haben, weitere Kommunikation unmöglich zu machen, sondern sie geradezu zu verstärken. Konflikte können erst dann jenes Potenzial als »Staubsauger« entfalten und alles (das heißt alles, was für ihn relevant ist) in den Strudel der eigenen Relevanzen aufnehmen.

Diese angedeuteten Beispiele sollen zeigen, wie es gesellschaftlichen Praktiken gelingen kann, das Verhältnis von »Freund« und »Feind« in der Form von vertrauten, im Ergebnis kalkulierbaren und erwartbaren Antagonismen zu domestizieren und damit für den weiteren Gebrauch aufzubereiten. Man sollte die zivilisierenden, die befriedenden Potenziale solcher Formen nicht unterschätzen – denn pathologische Entwicklungen in modernen Gesellschaften haben exakt mit der Beschädigung solcher Formen zu tun: wenn populistische Politik und autokratische

Ansprüche aus dem politischen Gegner tatsächlich einen »Feind« machen, den man aus dem politischen Prozess exkludiert oder ihm jegliche Legitimität abspricht; wenn Regierungs-/Machtwechsel nicht ohne Gewalt möglich sind; wenn rechtliche Ansprüche insbesondere für Minderheiten systematisch beschnitten werden; wenn Verfahren durch Korruption unterminiert werden; wenn Ansprüche von *pressure groups* unbedingt und gegen Verfahrensregeln durchgesetzt werden; wenn gewaltsame Formen der Konfliktbearbeitung überhandnehmen; wenn das Gewaltmonopol des Staates auf dem Spiel steht und so weiter.

Die zivilisierte Form des Antagonismus von »Freund« und »Feind« macht aus Feinden tatsächlich kalkulierbare Antipoden – das bedeutet nicht, dass Konflikte und Auseinandersetzungen nicht radikal geführt werden und dass Streit nicht eskalieren kann. Aber die Chance der Zivilisierung des Streits hängt tatsächlich von einer »Zivilisierung der Feindbeobachtung« ab. Man mag das bedauern – dass es keine »wirklichen« Auseinandersetzungen gibt, dass es nie wirklich ums »Ganze« geht, dass etwa Tarifauseinandersetzungen kein wirklicher Klassenkampf seien und die Kulturkämpfe um das »gute Leben« nicht unbedingter geführt werden. Dass die Revolution – welcher Couleur auch immer – eine wirkliche Option ist, ähnelt der faden Zivilisationskritik, die von existenziellen Auseinandersetzungen und »Stahlgewittern« so fasziniert ist, weil es hier in jedem Schritt um existenzielle Fragen geht. Diese, wenn man so will, Verbürgerlichung von Konflikten ist langweiliger als der existenzielle Kampf – aber eben seine Zivilisierung.

Diese Pazifizierungsprozesse, die selbst ihre Kosten verursachen, nämlich den Verlust der Unmittelbarkeit und des Unbedingten,[12] sind letztlich die Bedingung dafür, dass Pluralität, die Vielfalt von Lebensformen, die Verschiedenheit von Ansprüchen, die Toleranz gegenüber abweichenden Möglichkeiten, die Anerkennung des anderen und vieles mehr überhaupt möglich ist – denn dass Pluralität zugleich mehr Nein-Stellungnahmen erzeugt, mag auf den ersten Blick erstaunen, ist aber durchaus erwartbar. Der zivilisatorische Standard eines Institutionenarrangements zeigt sich darin, ob der »vertraute Antagonismus«

eine Form finden kann, die konkrete Konflikte nicht zu letzten Fragen aufrundet. Insofern ist die Zivilisierung der Feindschaft ein Indikator, der nicht hoch genug einzuschätzen ist – auch um die Naivität zu vermeiden, gesellschaftliche Prozesse auf Zusammenhalt, Konsens oder Einvernehmlichkeit zu gründen.

Die »feindlose Demokratie«

Was für politische Innenverhältnisse gilt, nämlich die Pazifizierung von Konflikten – nicht: Pazifizierung *statt* Konflikt –, gilt nicht gleichermaßen in politischen Außenverhältnissen, also zwischenstaatlichen Konflikten. Daran kann man erkennen, wie voraussetzungsreich die Zivilisierung von »vertrauten Antagonismen« ist. Sie hängt von »dritten« Instanzen ab, wie rechtlichen Normierungen, verfahrensförmigen Routinen und institutionalisierten Erwartungen – in manchen Fällen auch sanktionsbewehrt. All das gilt zwischenstaatlich nur bedingt, eben weil es an »Dritten« fehlt. Hier kommt Macht als potenzielle Durchsetzungsmacht erheblich direkter zum Vorschein – und am Ende ist es die Potenzialität des Krieges und die Fähigkeit zur Verteidigung, die die Konfliktdynamik beherrscht, wie etwa die Aufrechnung entsprechender Potenziale im Kalten Krieg die entscheidende »Währung« für die Vermeidung des Krieges war. Der Kalte Krieg war unter anderem deswegen so stabil, weil er Einflusssphären in einem stabilen Gleichgewicht hielt und die internationale Politik von diesem Antagonismus fast vollständig absorbiert wurde – fast weltweit. Den Kalten Krieg »zivilisiert« zu nennen, scheint fast zynisch zu klingen, aber es war zumindest im Sinne Baumans ein vertrauter Antagonismus.

Ulrich Beck hat 1993, also fast zeitgleich mit Baumans Freund-Feind-Fremder-Konstellation, kurz nach der Erfahrung des Zusammenbruchs der Sowjetunion einen interessanten Essay über die »feindlose Demokratie« und den »feindlosen Staat« geschrieben,[13] der heute, fast 30 Jahre später, geradezu hellseherisch wirkt.[14] Nach Beck habe der Systemantagonismus zwischen West und Ost die Demokratie einerseits unterscheidbar gemacht, andererseits habe die atomare Hochrüstung die Gesellschaft geradezu entmilitarisiert, weil das Moment des Militärischen weit weg von jeder lebensweltlichen und begreifbaren Realität angesiedelt war. Es entstand ein identitätsbildender, also ein vertrauter Antagonismus, der die Demokratie zugleich benennbar werden ließ, aber auch von der unmittelbaren Militarisierung emanzipiert hat. Es kommt noch ein drittes Argument hinzu: Die Individualisierung von Lebensformen habe, so Beck, zugleich den Ernstfall aufgehoben, der Staat schrumpfte zum Versorgungsstaat, und Sicherheitsfragen waren weit weg. Mit dem Zusammenbruch der Sowjetunion wurde der westliche Staat dann ein feindloser Staat, der sich nicht einmal mehr von Alternativen unterscheiden konnte.

Vielleicht war das auch der Grund dafür, den Handelspartner Russland mit einem politischen Partner gleichzusetzen, was in den 1990er-Jahren durchaus eine Option gewesen ist. Die »feindlose Demokratie« verlor den »vertrauten Antagonismus« des Kalten Krieges und konnte sich womöglich nicht vorstellen, dass das Freund-Feind-Schema auf zwischenstaatlichem Gebiet nach wie vor zur Stabilisierung von Erwartungen beitragen kann. Spätestens seit der Annexion der Krim durch Russland hätte das sichtbarer werden können.

Es hat etwas historisch Ironisches, dass Energiegeschäfte mit Russland zu Zeiten der Sowjetunion weniger riskant waren als nach deren Zusammenbruch, als man Geschäftsbeziehungen als Form des politischen Commitments und der wechselseitigen Partnerschaft zu sehen begann. Das ist ein erneuter Hinweis darauf, wie stabilisierend gut institutionalisierende Konflikte und Antagonismen sind.

Spätestens seit der Nacht auf den 24. Februar 2022 ist die westliche Demokratie keine feindlose Demokratie mehr. Spätestens seit diesem Tag gibt es ein antagonistisches Gegenüber, das erstaunlicherweise die Selbstzurechnung des Westens als Westen und die Frage der eigenen internen Form der Bearbeitung von Antagonismen in den Vordergrund stellt. Das Ende der »feindlosen Demokratie« meint nicht die Existenz eines »objektiven« Feindes, aber durchaus die Etablierung eines vertrauten Antagonismus, in dem die Bedingungen demokratischer Formen der internen Bearbeitung von Freund-Feind-Antagonismen auf ihre voraussetzungsreiche Form verweisen.

Zygmunt Bauman hatte recht damit, wie sehr die innere Ordnung der Welt davon abhängig ist, Antagonismen in eine vertraute Form zu bringen. Diese müssen nicht immer zivilisierte Formen annehmen, aber sie sind die Voraussetzung dafür, dass eine komplexe Gesellschaft ihre interne Differenziertheit, Pluralität und Vielfältigkeit verarbeiten kann, ohne sie zu negieren. Vielleicht ist der (neue und alte) weltgesellschaftliche Antagonismus der, wie es gelingt, mit Uneindeutigkeit umzugehen: durch Bearbeitung von Diversität (jeglicher Form) oder durch ihre Negierung. Dass all das – in gesellschaftlichen Innenverhältnissen wie in politischen Außenverhältnissen – unter der alten Semantik von »Freunden« und »Feinden« verhandelt wird, ist eine historische Hypothek. Ob aus »Freunden« und »Feinden« schlichte »Differenzen« und »unterschiedliche Unterscheidungen« werden können?

Anmerkungen

1 Zygmunt Bauman: »Moderne und Ambivalenz«, in: Uli Bielefeldt (Hrsg.): *Das Eigene und das Fremde. Neuer Rassismus in der Alten Welt?*. 2. Aufl., Hamburg 1992, S. 23–49, hier S. 23.

2 Ebd., S. 25.

3 Vgl. dazu schon Armin Nassehi: »Der Fremde als Vertrauter. Soziologische Beobachtungen zur Konstruktion von Identitäten und Differenzen«, in: *Kölner Zeitschrift für Soziologie und Sozialpsychologie* 47 (1995), S. 443–463.

4 Vgl. Jürgen Habermas: »Ein Plädoyer für Verhandlungen«, in: *Süddeutsche Zeitung* vom 24.02.2023.

5 Begonnen haben diese Briefe mit selbstähnlichen Inhalten und selbstähnlicher Diktion mit jenem von Alice Schwarzer vom April 2022. URL: https://www.emma.de/artikel/offener-brief-bundeskanzler-scholz-339463

6 Ebd.

7 Vgl. Carl Schmitt: *Der Begriff des Politischen. Text von 1932 mit einem Vorwort und drei Corollarien*. 6. Aufl., Berlin 1996, S. 73.

8 Vgl. Thomas Hobbes: *Leviathan* (1651). Frankfurt am Main 1984, S. 134.

9 Albert Scherr: »Diskriminierung und Diskriminierungskritik: eine problemsoziologische Analyse«, in: *Soziale Probleme* 31 (2020), S. 83–102; Gudmundur Hálfdarnason/Vilhem Vilhelmsson: »Historische Diskriminierungsforschung«, in: Albert Scherr et al. (Hrsg.): *Handbuch Diskriminierung*, Wiesbaden 2017, S. 25–38.

10 Vgl. dazu das Gespräch mit Natan Sznaider in diesem *Kursbuch* sowie immer noch als Klassiker Karl Marx: *Zur Judenfrage*, in: MEW 1, S. 347–377.

11 Vgl. Armin Nassehi: *Das große Nein. Eigendynamik und Tragik des gesellschaftlichen Protests*. Hamburg 2020.

12 Vgl. Norbert Elias: *Über den Prozess der Zivilisation*. Zwei Bände, Frankfurt am Main 1976.

13 Ulrich Beck: *Die feindlose Demokratie. Ausgewählte Aufsätze*. Stuttgart 1993.

14 Zu diesem Motiv schon Armin Nassehi: »Die Rückkehr des Feindes«, in: *ZEIT-online* vom 25.02.2022. https://www.zeit.de/kultur/2022-02/demokratie-bedrohung-russland-ukraine-krieg-wladimir-putin

Ein hartnäckiges Klischee

Helene Bubrowski

Stutenbissigkeit ist ein geronnenes Vorurteil. Genauso wie Zickenkrieg. Furchtbare Worte. Zum Glück hört man sie heute seltener, aber das Klischee hält sich hartnäckig: dass Frauen in Konkurrentinnen immer gleich Feindinnen sähen. Statt sich gegen die Dominanz der Männer zu verbünden, machten sie sich, getrieben von Neid und Eifersucht, gegenseitig das Leben schwer. Wie dumm kann frau sein!

Nach wie vor ist diese Erzählung ein wirksames Instrument, um Frauen gegeneinander auszuspielen. Dabei gibt es mehr als genug Beweise für funktionierende Frauensolidarität: Frauennetzwerke, weibliche Doppelspitzen, Mentorinnenprogramme – selbst in der Politik, wo die Rahmenbedingungen für Zusammenhalt ungünstig sind, denn jeder misstraut hier jedem und jede jeder. Trotzdem machen Politikerinnen heute selbstverständlich das, was Politiker schon immer gemacht haben: Über Parteigrenzen hinweg ziehen sie an einem Strang, wenn es um ihre Interessen geht.

Sie engagieren sich zum Beispiel für eine gute Betreuung der eigenen Kinder (was ja leider noch immer als »Frauenthema« gilt). So hat eine Gruppe jüngerer Frauen vor ein paar Jahren im Bundestag ein »Kinderzimmer« durchgesetzt. Kurz zuvor war eine Abgeordnete noch aus dem Plenum ausgeschlossen worden, weil sie ihr Kind auf dem Schoß hatte. Politikerinnen kämpfen auch parteiübergreifend gegen Misogynie. Es ist eine Erfahrung, die die Mehrheit der Frauen in der Politik teilt, die zusammenschweißt. So verließ die CSU-Politikerin

Dorothee Bär die Ludwig-Erhard-Stiftung aus Protest gegen den Vorsitzenden Roland Tichy, der sich sexistisch über die SPD-Politikerin Sawsan Chebli geäußert hatte. Und die grüne Außenministerin Annalena Baerbock bekam auch von Frauen aus der Union viel Zuspruch, als CDU-Chef Friedrich Merz sich im Plenum über ihr Konzept feministischer Außenpolitik lustig machte.

Es hat sich viel geändert, seit die Grüne Waltraud Schoppe 1983 in einer Bundestagsrede Vergewaltigung in der Ehe anprangerte und die meisten Abgeordneten in schallendes Gelächter ausbrachen, darunter auch Frauen aus SPD und Union. Wie groß der Widerstand gegen weibliche Allianzen war, haben auch die Mitglieder des sogenannten Feminats erfahren, dem rein weiblichen Fraktionsvorstand der Grünen in den Achtzigerjahren. Joschka Fischer lästerte in Bonner Kneipen über den »Weiberrat«, öffentlich belehrte er die sechs Frauen, dass der Feminismus nur »ein Element des grünen Spektrums« sei, und warnte, es wäre »töricht«, dafür die Existenz der Partei aufs Spiel zu setzen. Nicht nur Männer beteiligten sich an der Sabotage, sondern traurigerweise auch Frauen. Der Autor Torsten Körner beschreibt in seinem Buch *In der Männerrepublik*, wie linke SPD-Frauen zurückhaltend, sogar feindselig auf das Projekt geschaut haben. Und wie Journalistinnen eine »Hausfrauisierung« befürchteten.

Noch Jahrzehnte später werden diese alten Geschichten instrumentalisiert: Da ist sie doch, die Stutenbissigkeit! Doch Frauenfeindlichkeit unter Frauen entsteht nicht aus dem Nichts oder purer Boshaftigkeit. Sie hat ihren Ursprung darin, dass Frauen lange Zeit Ausnahmeerscheinungen in Männerrunden waren. Insofern ist die empfundene Konkurrenz oftmals Ausdruck existenzieller Angst. 1961 wurde die CDU-Politikerin Elisabeth Schwarzhaupt die erste Bundesministerin, und noch fünf Jahre später war eine zweite Frau im Kabinett nicht durchsetzbar. In der Wirtschaft war es ähnlich, auch an Universitäten und in Medienhäusern. Wenn es nur Platz für eine Frau gibt, ist eine andere Frau, die auch in die Führungsriege möchte, eine Bedrohung.

Und trotzdem: Es war schon damals ein fataler Fehlschluss, die andere als Feindin anzusehen. Die größere Gefahr für Frauen ging immer von Männern aus. Heute gibt es für Frauen mehr Plätze, sie können nebeneinandersitzen. Das heißt auch: Sie haben es heute nicht mehr nötig, ununterbrochen in den Kategorien von Freundin und Feindin (oder Freund und Feind) zu denken. Sie können sich Gelassenheit leisten.

Constanze Stelzenmüller

Die Wiederkehr des Feindes

Die Debatte um einen ukrainischen Kompromissfrieden und die Denklücken der Sicherheitspolitik

Mehr als ein Jahr nach dem Überfall des russischen Präsidenten Wladimir Putin auf die souveräne, freie und demokratische Ukraine am 24. Februar 2023 wird sichtbar, dass die Kräfte Kiews und seiner Unterstützer möglicherweise an Grenzen geraten. Die Streitkräfte wie die zivile Bevölkerung der Ukraine haben heroischen Widerstand gegen die Angreifer geleistet. Der Westen hat unter amerikanischer Führung, und mit gewaltigem Finanz- und Materialaufwand auf beiden Seiten des Atlantiks, dabei geholfen. Nun aber droht Überforderung und Erschöpfung: bei den ukrainischen Truppen, bei der Bevölkerung des Landes, aber auch bei den Helfern.

Ist es Zeit – wie Jürgen Habermas und andere Kritiker wiederholt gefordert haben –, statt weiterer Waffenlieferungen eine Kompromisslösung zu suchen, um weiteres Blutvergießen oder einen Zerfall der westlichen Koalition zu verhindern?[1] Ist ein Verzicht der Ukraine auf die Rückgewinnung ihres gesamten Territoriums womöglich zwingend erforderlich, um eine Niederlage Kiews, die Ausweitung des Kriegs auf Nachbarstaaten oder gar eine nukleare Eskalation durch den Kreml zu vermeiden?

Ein solcher Kompromissfrieden würde der Ukraine und den Ukrainern, die Opfer eines Angriffskriegs, von Kriegsverbrechen und Verbrechen gegen die Menschlichkeit geworden sind und unter andauernder russischer Bombardierung leben, ein kaum erträgliches Maß an Pragmatismus und Selbstverleugnung abverlangen. Die Befürchtungen der

Kritiker sind dennoch bedenkenswert, weil sie realistisch sind. Verantwortliche Politik ist verpflichtet, sie zu prüfen und eine sorgfältige Risikoabwägung aller Optionen vorzunehmen.

Allerdings blendet die Forderung nach Verhandlungen eine zentrale Frage aus: Was ist, wenn das System Putin und der Präsident selbst zu einem solchen Kompromiss nicht willens, ja vielleicht nicht einmal in der Lage sind? Der Historiker Karl Schlögel hat den Putinismus präzise beschrieben: als »Gewaltordnung nach dem Ende eines Kontinentalimperiums und eines staatssozialistischen Systems« auf der Grundlage einer »sowjetisch-stalinistische[n] DNA [...]. Dazu gehören die gezielte Tötung von Oppositionellen, die Gewalt, die in den Gefängnissen und Lagern wieder alltäglich wird, die Straflosigkeit, mit der Verbrechen begangen werden, die Willkür, die jetzt in der Mobilisierung für den Krieg sichtbar wird, die Verschwörungsmythen, die ›Feinde des Volkes‹«.[2]

Putin hat schon in seinem inzwischen notorischen Geschichtsaufsatz »Zur Einheit von Russen und Ukrainern« vom Sommer 2021 die Existenzberechtigung der Ukraine als einer eigenständigen Nation rundweg abgestritten; sie sei, schrieb er, Bestandteil (zusammen mit Belarus) der »historischen dreieinigen russischen Nation«.[3] Der Kreml hat immer wieder klargemacht, dass nur eine vollständige Kapitulation der Ukraine samt Aufgabe ihrer Souveränität als Grundlage für eine »Friedensvereinbarung« infrage komme.

Diese Kompromisslosigkeit gilt keineswegs nur der Ukraine gegenüber. Am 17. Dezember 2021 schickte der Kreml zwei gleichlautende »Vertragsentwürfe« ans Weiße Haus in Washington und an das NATO-Hauptquartier in Brüssel.[4] Inhaltlich ließen sich die Forderungen in dem Text so zusammenfassen: Die Uhr der demokratischen Transformation Osteuropas wird zurückgedreht, Westeuropa wird militärisch neutralisiert, die USA ziehen aus Europa ab. Kurz: Die USA sollen akzeptieren, dass ganz Kontinentaleuropa zur Einflusssphäre Putin-Russlands gehört. Auch Fiona Hill und Angela Stent, zwei der besten Kennerinnen der Materie, warnten jüngst: »In diesem Krieg geht es um mehr als nur die Ukraine. [...] Die Ukrainer und ihre Unterstützer verstehen, dass im Fall eines russischen Siegs Putins Expansionsdrang nicht an der ukrainischen Grenze enden würde. Die baltischen Staaten, Finnland, Polen und viele andere Staaten, die einst Teil des russischen Imperiums waren, wären der Gefahr eines Angriffs oder eines Umsturzes von innen ausgesetzt.«[5]

Konrad Schuller, Osteuropa-Experte der *Frankfurter Allgemeinen Zeitung*, hat deshalb darauf hingewiesen, dass die Befürworter von Verhandlungen die *absolute* Natur dieser Feindschaft verkennen: »Im Falle totaler Feindschaft hat der Kompromiss immer nur den Charakter einer taktischen Pause«. Dieses Vorgehen habe »tiefe Wurzeln in der Sowjetunion« und sei auch von Putin immer wieder demonstriert worden, so bei der systematischen Verletzung der Minsker Abkommen von Beginn an.[6]

Es gilt also, Putin – wie seinerzeit Donald Trump – *literally and seriously* zu nehmen, ernst und wortwörtlich. Und noch etwas anderes drängt sich damit auf: die Rückbesinnung der Sicherheitspolitik auf die Kategorie des Feindes.

Der Schlüsseltheoretiker dieses Begriffs im 20. Jahrhundert war Carl Schmitt, ein scharfer Kritiker der liberalen Moderne, der parlamentarischen Demokratie und des politischen Pluralismus; außerdem ein glühender Antisemit. Trotz seiner Weigerung, sich von seiner Rolle als »Kronjurist des Dritten Reichs« zu distanzieren, hat sein Denken bis heute »großen und dauerhaften intellektuellen fallout« (Jan Werner Müller) für Debatten über politische Geostrategie entfaltet – nicht nur im Westen, sondern auch in Russland und China.[7] Für Schmitt ist der Begriff des Feindes das Wesen des Politischen: »Der politische Feind ist […] in einem besonders intensiven Sinne existenziell etwas anderes und Fremdes […], so dass im extremen Fall Konflikte mit ihm möglich sind.«[8] Feindschaft ist dabei nicht im metaphorischen Sinn gemeint: »Die Begriffe Freund, Feind und Kampf erhalten ihren realen Sinn dadurch, dass sie insbesondere auf die reale Möglichkeit der physischen Tötung Bezug haben und behalten. Krieg folgt aus der Feindschaft, denn diese ist seinsmäßige Negierung eines anderen Seins.«[9] Schmitt unterscheidet dabei zwischen »wirklichen« und »absoluten« Feinden: erstere sind zu einem territorialen Interessenausgleich imstande; letztere sind aufgrund der ideologischen Natur ihrer Gegnerschaft dazu unfähig.[10]

Während des Kalten Krieges war ein großer Teil der Welt in Freundes- und Feindeslager aufgeteilt, die teilweise mit real befestigten Grenzen wie der Berliner Mauer und dem Eisernen Vorhang markiert waren. Der Gegner des Westens war die Sowjetunion, eine rivalisierende Supermacht mit einer totalitären Ideologie und einer »eingefleischten und unerbittlichen Feindseligkeit« (Michael Howard), und hinter ihr der Warschauer Pakt.[11] Das Ziel: »die schließliche Erlangung der sowjetischen Herrschaft über Europa« (John Lewis Gaddis).[12] Die Staaten des Westens dagegen haben, wie der frühere französische Verteidigungsminister Jean-Yves le Drian 2016 bemerkte, nach 1945 ihre nationale Identität nicht mehr im Gegensatz zu einem »dämonisierten Anderen« definiert.[13]

Nach dem Fall der Berliner Mauer waren die USA als einzige Supermacht verblieben, der weit und breit kein Rivale drohte. Ihr Hegemonialstatus spiegelte sich auch in der politischen Theorie: der sogenannten Konvergenztheorie, nach der sich der Rest der Welt nach und nach am westlichen Modell der marktwirtschaftlichen Demokratie ausrichten würde. Thomas Wright hat darauf hingewiesen, dass »die Vorstellung der Konvergenz die drei U.S.-Regierungen nach dem Ende des Kalten Kriegs durchdrang. Sie war das explizite Ziel ihrer Strategie«.[14]

Ihren klassischen Ausdruck fand die Konvergenzthese in einer Rede des damaligen Präsidenten George H. W. Bush an den Kongress in Jahr 1990:

> »Aus diesen unruhigen Zeiten kann unser fünftes Ziel – eine neue Weltordnung – hervorgehen: eine neue Ära – freier von der Bedrohung durch Terror, stärker im Streben nach Gerechtigkeit und sicherer in der Suche nach Frieden. Eine Ära, in der die Nationen der Welt, Ost und West, Nord und Süd, blühen und in Harmonie leben

> können. […] Heute ringt diese neue Welt um ihre Geburt, eine Welt, die ganz anders ist als die, die wir bisher kannten. Eine Welt, in der die Herrschaft des Rechts die Herrschaft des Dschungels ersetzt. Eine Welt, in der die Völker die gemeinsame Verantwortung für Freiheit und Gerechtigkeit erkennen. Eine Welt, in der der Starke die Rechte des Schwachen respektiert.«[15]

Die Geschichte hat seitdem bekanntlich einen etwas anderen Verlauf genommen – und dennoch gab es im nachfolgenden Jahrzehnt bemerkenswerte Fortschritte, welche die Hoffnung auf Konvergenz zunächst zu bestätigen schienen. Die bipolare Ordnung des Kalten Krieges rekonstituierte sich als »aufstrebende globale Gemeinschaft« mit der Erweiterung der NATO sowie der Erweiterung und Vertiefung der Europäischen Union.[16] Nicht nur das: Die demokratische Transformation fast des gesamten Warschauer Paktes fand weltweit Nachahmer; zivilgesellschaftliche Bewegungen stürzten autoritäre Regime in Lateinamerika, Afrika und Asien. Es schien, als sei das Phänomen des Feindes in den internationalen Beziehungen auf der Müllhalde der Geschichte gelandet.

Die Kronzeugen dieser These waren die liberalen politischen Theoretiker. Francis Fukuyamas Essay *The End of History* von 1989 – die wohl einflussreichste Artikulation der Theorie von der liberalen Entropie – postulierte geradeheraus, dass die Kategorie des Feindstaats, genauer: des Feindstaats mit einer antiwestlichen Ideologie, zum Anachronismus verdammt sei. »Das Verschwinden des Marxismus-Leninismus, erst aus China und dann aus der Sowjetunion, wird seinen Tod als lebendige Ideologie von welthistorischer Bedeutung zur Folge haben … [und das] bedeutet … das Schwinden der Wahrscheinlichkeit von zwischenstaatlichen Großkonflikten.« Fukuyama beeilte sich hinzuzufügen, dass es weiterhin Terrorismus und nationale Befreiungskriege geben würde, aber »großflächige Konflikte werden große Staaten betreffen, die sich noch im Griff der Geschichte befinden, und wie es scheint, sind diese dabei, von der Bühne abzutreten.«[17]

Der hartnäckigste Vertreter der liberalen Konvergenzthese, G. John Ikenberry, schrieb noch 2011 gegen die »Paniknarrative« vom Aufstieg illiberaler, autoritärer Mächte an: »China und andere aufsteigende Großmächte wollen die Grundregeln und Prinzipien der liberalen Weltordnung nicht infrage stellen; sie streben nach mehr Autorität und Führung innerhalb derselben. In der Tat stellt die Wandlung der globalen Machtordnung nicht die Niederlage der liberalen Weltordnung dar, sondern deren endgültige Durchsetzung.«[18]

Das Land, das die Erzählung vom Ende der Geschichte, dem Sieg des Westens durch Diplomatie und demokratische Transformation, und der unwiderstehlichen weltweiten Ausbreitung einer regelbasierten Weltordnung mit der größten Begeisterung übernahm, war das wiedervereinigte Deutschland. Der Diplomat Thomas Bagger, damals Leiter des Planungsstabs im Auswärtigen Amt, schrieb 2019 dazu mit sanfter, aber unmissverständlicher Ironie:

> »Am Ende eines Jahrhunderts, das davon geprägt war, dass Deutschland zweimal auf der falschen Seite der Geschichte gestanden hatte, fand es ich endlich auf der richtigen Seite wieder. […] Es war eine stabile parlamentarische Demokratie, mit einer erprobten und angesehenen Marktwirtschaft. Während viele andere Länder rund um den Globus sich würden anpassen müssen, konnte Deutschland so bleiben, wie es war, und darauf warten, dass sich die anderen im Laufe der Zeit an seinem Vorbild orientieren würden.«[19]

Dreißig Jahre nach der Wiedervereinigung würde sich diese bemerkenswert selbstverliebte Deutung des welthistorischen Angelpunkts von 1989 in Berlin als hartnäckige kognitive Blockade bei der Wahrnehmung und Anpassung an einen erneuten Klimawandel in den internationalen Beziehungen und der globalen Sicherheitsordnung erweisen.

Die realistische Schule der internationalen Beziehungen betrachtete dieses liberale Narrativ mit derselben Skepsis, die sie für internationale Institutionen, das Völkerrecht und überhaupt die Vorstellung einer liberalen Weltordnung hegen. Theoretiker der realistischen Schule wie Kenneth Waltz, John Mearsheimer oder Stephen Walt argumentierten, dass Wettbewerb der Hauptantrieb des internationalen Systems sei. Aber da die Realisten Interessen für weit wichtiger als Ideologien halten, sind sie auch wenig geneigt, einen rivalisierenden Staat oder sogar einen Gegner als »Feind« im Schmitt'schen Sinne zu betrachten. Die Interessen des Wettbewerbers sind schlicht anders gelagert; das macht es auch einfacher, mit ihm zu verhandeln, zu einem Kompromiss zu kommen oder sogar seine Forderung nach einer Einflusssphäre zu akzeptieren.[20] Diese recht entspannte – und durchaus herablassende – Betrachtung des Phänomens des zwischenstaatlichen Wettbewerbs wurzelte gewiss in der Tatsache, dass die Vereinigten Staaten bis vor kurzem keinen plausiblen ebenbürtigen Rivalen hatten. Chinas Aufstieg hat die Tonlage der Realisten merklich verändert.

Eine dritte Schule – die Konstruktivisten – stieß sich an der Weigerung der Realisten, Identität und Ideen als Schlüsselfaktoren im Verhalten von Staaten zur Kenntnis zu nehmen. Und es war der Konstruktivist Alexander Wendt, der ein Jahrzehnt nach dem Fall der Berliner Mauer das Problem des Feindes frontal ansprach. Er unterschied Hobbes'sche, Locke'sche und Kant'sche Ordnungen – jeweils gründend auf Feindschaft, Rivalität und Freundschaft.[21] Unter ausdrücklicher Berufung auf Carl Schmitt definierte Wendt den Unterschied zwischen Feind und Rivalen: »Ein Feind anerkennt nicht das Recht des Selbst zur Existenz als freies Subjekt … während der Rivale das Recht des Selbst auf Leben und Freiheit anerkennt.« Wendt zitiert aus der Zeit nach dem Ende des Kalten Kriegs die Konflikte in Nordirland, »zwischen palästinensischen und israelischen Fundamentalisten« sowie in Kambodscha, Jugoslawien und Ruanda als Beispiele für Feindschaft.[22] Bei allen genannten Beispielen handelt es sich indes um innerstaatliche Konflikte.

Am Ende der Regierung von George H. W. Bush (1989–1993) und unter seinem Nachfolger Bill Clinton (1993–2001) schickten die Vereinten Nationen Friedenstruppen nach Kambodscha und Ruanda, und die NATO intervenierte auf dem Balkan zum ersten Mal seit ihrer

Gründung mit Kampftruppen. Begründet wurde die Entsendung von Truppen mit der Notwendigkeit, eine regionale Destabilisierung zu verhindern, eine humanitäre Katastrophe zu beenden, oder mit der Verletzung von Grundprinzipien des Völkerrechts wie dem Genozidverbot. Führende westliche Staaten hatten Patronagebeziehungen mit einigen der Konfliktakteure (Frankreich – Ruanda; Frankreich/Großbritannien – Serbien; Deutschland – Kroatien). Aber sie gingen niemals so weit, die Feinde ihrer Klienten als ihre eigenen Feinde zu betrachten. Die Beziehung der Großmächte untereinander war derweil größtenteils stabil und konstruktiv. Russlands Präsident Boris Jelzin und der amerikanische Präsident Clinton gerieten zwar wegen des Luftkriegs der NATO gegen Serbien in Konflikt. Ansonsten aber kooperierten sie miteinander; Bill Clinton ebnete China den Weg in die Welthandelsorganisation WTO.

Es waren der Anstieg des radikalen islamistischen Terrorismus, die Angriffe von al-Qaida auf Amerika am 11. September 2001 und der nachfolgende *Global War on Terror*, mit denen die Kategorie des Feindes als *Feind des Westens* in den transatlantischen Strategiediskurs zurückkehrte. Die neokonservativen Strategen von Präsident George W. Bush (2001–2009) waren überzeugt, dass die Terroristen und ihre staatlichen Sponsoren mit aller Macht besiegt werden müssten; diese Überzeugung setzten sie in die Tat um, indem sie die Taliban aus Afghanistan vertrieben und in den Irak einmarschierten. Ihre hochumstrittenen Formeln wie die »Achse des Bösen« oder der »Islamofaschismus« erinnerten an den »absoluten Feind« in Carl Schmitts *Theorie des Partisanen*.[23] Von den Schmittianern unterschied die Neokonservativen allerdings die Tatsache, dass sie moralische Universalisten und in der Mehrheit überzeugte Fürsprecher einer demokratischen Transformation des Mittleren Ostens waren. In dieser Frage befanden sie sich mit den liberalen Internationalisten in weitgehender Übereinstimmung.

Der islamistische Feind, so hoffte man, werde sich ebenfalls von der Sogkraft von Freiheit und Demokratie verwandeln lassen: »Das Beste wird wohl sein, den Modernisierungsprozess der islamischen Welt zu beschleunigen. Mehr Modernisierung, mehr Globalisierung, schneller.«[24] Mit den Großmächten Russland und China hingegen, so die Annahme, werde der Westen sich die Aufgabe der Terrorismusbekämpfung teilen. Im Übrigen werde man – wie es in der Nationalen Sicherheitsstrategie der Regierung Bush hieß – friedlich miteinander konkurrieren.[25] Im Jahr 2005 sagte Bushs stellvertretender Außenminister Robert Zoellick, sobald China zu einem *responsible stakeholder* (ein verantwortungsbewusster Anteilseigner) in der US-geführten Weltordnung geworden sei, könnten sämtliche Differenzen im Lichte geteilter Interessen geregelt werden.[26]

Ein Jahrzehnt später identifizierte der französische Verteidigungsminister Jean-Yves Le Drian in Daesh (dem sogenannten Islamischen Staat) Frankreichs »gegenwärtigen Feind«.[27] Aber er führte gleichzeitig eine ebenso präzise wie sorgfältige Differenzierung ein: Für Frankreich, so erklärte er, sei Daesh ein *ennemi conjoncturel*, ein Feind, dessen Status kontingent sei, abhängig von der aktuellen Bedrohung, die von ihm ausgehe. Frankreich sei dagegen für Daesh ein *ennemi structurel*, gründend auf einer »apokalyptischen, totalitären und eliminatorischen Vorstellung […]. Unsere Taten sind für diese Betrachtungsweise von nachgeordneter Bedeutung. Feindbild sind wir vor allem für das, was wir sind und was wir darstellen.«[28] Zu dieser Unterscheidung wird noch zurückzukommen sein.

Die Regierung von Präsident Barack Obama (2009–2016) war die letzte in der Epoche nach dem Kalten Krieg, die ihre nationale Sicherheitsstrategie innerhalb des Paradigmas der friedlichen Konvergenz ausbuchstabierte. Obama betrachtete allerdings den Interventionismus seiner Vorgänger mit Skepsis. Dass der Konkurrenzkampf global anstieg, begriff er; aber er war fest entschlossen, seine Regierung nicht von dieser Tatsache definieren zu lassen.[29]

Als Obama 2009 sein Amt antrat, war Dmitri Medwedew sein Gegenüber im Kreml. Das Machtzentrum aber war der Premierminister Wladimir Putin, der bereits einmal als Premierminister (1999–2000) und als Präsident (2000–2008) gedient hatte. Putin hatte 1999 mit dem blutigen Tschetschenienkrieg eine scharfe revisionistische Wendung in der russischen Außenpolitik ausgelöst. Im Februar 2007 forderte er den Westen in einer Rede auf der Münchner Sicherheitskonferenz heraus.[30] Im August 2008 provozierte der Kreml Georgien zu einem einwöchigen Schießkrieg, zur Bestrafung für seine Bestrebungen, NATO-Mitglied zu werden. Obama bot Russland dennoch einen *reset* (einen Neustart) an. 2012 übernahm Putin erneut das russische Präsidentenamt. Doch selbst als er 2014 die Krim-Halbinsel widerrechtlich annektierte und Stellvertretertruppen in die Ostukraine schickte, wehrte Obama – unterstützt von der Bundeskanzlerin Angela Merkel – sich gegen Druck aus dem Kongress und aus der eigenen Regierung, Waffen nach Kiew zu schicken. Als Putin 2015 in Syrien zugunsten des Machthabers Baschar al-Assad intervenierte (und damit die deutsche Flüchtlingskrise auslöste), blieben die Vereinigten Staaten ebenfalls zurückhaltend. Obama war der Ansicht, die Europäer sollten mehr Verantwortung für ihre eigene Sicherheit übernehmen; die wichtigsten amerikanischen Sicherheitsinteressen lagen für ihn anderswo, in Asien.

Aber auch China war deutlich machtbewusster geworden, in der eigenen Nachbarschaft wie in den internationalen Institutionen. Die Regierung Obama blieb zunächst abwartend; dann versuchte sie mit dem *pivot to Asia* umzusteuern – mit überschaubarem Erfolg. Derek Chollet, ein hochrangiger Beamter im Pentagon, beschrieb die US-chinesischen Beziehungen als »bei ausgewählten Fragen kooperativ, aber geprägt von Rivalität und Misstrauen«.[31] Wenige Menschen wären allerdings weniger geneigt gewesen, eine schwierige Großmacht wie Russland oder einen aufstrebenden Rivalen wie China als Feind zu betrachten, als der zerebrale Obama.

Die Amtszeit von Donald Trump (2017–2021) beendete nicht die Ära der friedlichen Konvergenz – diese war bereits von der globalen Finanzkrise, dem Scheitern des Arabischen Frühlings, der zunehmenden Anfechtung der liberalen Weltordnung westlicher Prägung durch Russland und China und den weltweiten Aufstieg des Populismus »pulverisiert« worden.[32] Die Ära Trump wurde indes zum Schauplatz eines bizarren Machtkampfs in der Washingtoner Sicherheitspolitik zwischen republikanischen Traditionalisten und dem Präsidenten. Erstere versuchten, mit der Nationalen Sicherheitsstrategie von 2017 ein neues Paradigma des globalen Großmachtwettbewerbs zu artikulieren. Das Dokument bezeichnet Russland und China als »revisionistische Mächte«; gleichzeitig betonte es jedoch die Bedeutung von Demokratie, Werten und Verbündeten.[33] Diese Intonation der Systemrivalität war lagerübergreifend konsensfähig – und fand im Übrigen auch in Europa ein zunehmend zustimmendes Echo, wie etwa in der China-Strategie der Europäischen Union von 2019 mit ihrer Beschreibung der aufstrebenden Großmacht als Partner, Wettbewerber und strategischer Rivale.[34]

Die politischen Instinkte des Oberbefehlshabers liefen bekanntlich denen seiner Berater diametral entgegen. Für Institutionen, Regeln, Verbündete und speziell die NATO und die EU hatte der Präsident nichts als Verachtung übrig; autoritäre Führer wie Putin bewunderte er umso unterwürfiger. Trump war (und ist) weder Stratege noch Ideologe, sondern transaktionaler »America First«-Nationalist in einer Nullsummenwelt – eine Theorie amerikanischer Macht, die ein anonymer hoher Beamter als »No friends, no enemies«-Politik beschrieb.[35] Trumps Anschläge auf die regelbasierte Weltordnung blieben letztlich erfolglos, wie auch seine Versuche, den Wahlsieg seines Nachfolgers zu verhindern. Der bleibende Schaden seiner Amtszeit allerdings bestand und besteht in der Normalisierung von Ethnonationalismus, offener Demokratieverachtung und Gewalt im konservativen Lager der USA. Der Feind des extremen rechten Flügels der GOP ist (wie bei anderen radikalen Populisten auch) nichts anderes als die liberale Moderne selbst. Der *Economist* berichtete von einem Treffen der hart rechten Conservative Political Action Conference (CPAC): »Das Ziel der Bewegung ist die völlige Zerstörung des Feindes.«[36]

Joe Biden übernahm im Januar 2021 die Präsidentschaft eines politisch und sozial tief gespaltenen Landes – mitten in einer historischen Pandemie, die nach heutigem Stand weltweit knapp sieben Millionen Menschen das Leben gekostet hat und die ein schonungsloses Licht auf die Schwächen und Verwundbarkeiten der internationalen Ordnung wie der westlichen Demokratien geworfen hat.[37] Ein vorläufiges Strategiepapier der Administration vom März desselben Jahres beschrieb Russland als Störer *(determined to enhance its global influence and play a disruptive role on the world stage)* und China als möglichen Gegner auf Augenhöhe *(the only competitor potentially capable of [...] a sustained challenge to a stable and open international system).*[38] Nur elf Monate später überfiel Wladimir Putin die Ukraine; kurz zuvor hatten Moskau und Peking sich »grenzenlose Freundschaft« geschworen.[39] In der Nationalen Sicherheitsstrategie vom Oktober 2022 heißt es lapidar: »Die Welt steht an einem Scheideweg. Dieses Jahrzehnt wird entscheidend sein, um die Bedingungen unseres Wettbewerbs mit China zu bestimmen, die akute Bedrohung durch Russland zu managen und gemeinsame Herausforderungen wie Klimawandel, Pandemien und wirtschaftliche Turbulenzen zu bestehen.«[40] Doch im Frühjahr 2023 geht in westlichen Hauptstädten die Angst vor einem amerikanisch-chinesischen Krieg um; und Russland zeigt keinerlei Anzeichen, dass es bereit sein könnte einzulenken.

Die freien Demokratien müssen nun begreifen, dass sie es mit einer Erscheinung zu tun haben, von der sie geglaubt hatten, sie habe sich tatsächlich historisch überholt: staatliche Rivalen, die in ihnen ideologische Feinde sehen. Konkret: »absolute« Feinde im Sinne Carl Schmitts oder *ennemis structurels* im Sinne le Drians. Oder, um einen altmodischeren Begriff zu benutzen: Todfeinde. Ob die Pekinger Führung die Nationen des Westens in diesem Sinne begreift, kann hier dahingestellt sein – aber im Fall Wladimir Putins und seines Regimes ist die Sache eindeutig. Putins häufige Charakterisierung der Kiewer Führung als »Nazis«, die Tiraden, mit denen Putin über die angeblich korrupte Ukraine und den dekadenten Westen herzieht, und die Drohungen, »Dreck und Verräter« in der eigenen Bevölkerung zu »reinigen«, die Drohungen mit einem atomaren Armageddon – diese sprachlichen Topoi sind aus der Geschichte der Völkermorde des 20. Jahrhunderts bekannt.[41]

Mag sein, dass bei Putin eine persönliche Psychopathologie im Spiel ist; genauso ist indes denkbar, dass es sich – wie Fiona Hill meint[42] – um eine zynische Terrorstrategie handelt, um die Widerstandskraft der Ukraine wie des Westens zu lähmen. Vielleicht ist Putin überzeugt, so gewinnen zu können; vielleicht kann er aber auch nicht mehr anders, weil seine Macht und sein Leben davon abhängen, dass er nicht verliert? Tatsache ist jedenfalls, dass diese enthemmte Sprache täglich von Mitgliedern der Kreml-Führung sowie den Staatsmedien in den grellsten Farben amplifiziert wird; dass sie von einem Großteil der russischen Bevölkerung für bare Münze genommen wird; und dass sie von Putins Streitkräften auf brutale und sadistische Weise umgesetzt wird. Insofern hat die von Putin öffentlich inszenierte Feindschaft längst ein politisches Eigenleben entwickelt.

Wie also soll der Westen mit diesem Phänomen umgehen? Mindestens folgt aus dem Gesagten, dass die Beweislast für die Aufrichtigkeit von Verhandlungsofferten bei Moskau liegt. (Das Dritte Reich war erst nach einer totalen Niederlage zu Kapitulation und Sühne bereit.) Nur stärkste Garantien – am besten ein klarer, konstruktiver und kurzer Pfad zur EU- und NATO-Mitgliedschaft – können dem Sicherheitsinteresse der Ukraine genügen. Die NATO und auch die Europäische Union werden ihre Sicherheitsvorsorge radikal neu denken und ihre gewaltigen Defizite überarbeiten müssen. Die Europäer müssen besser (viel besser) darin werden, sich selbst zu verteidigen. Solange Russland intern totalitär und nach außen neoimperial konstituiert ist, kann Europas Sicherheit nur gegen Moskau definiert werden.

Und noch etwas: Le Drian hat es in seinem Essay von 2016 auf den Punkt gebracht: Wer uns als absoluten Feind denkt, dessen Verhalten müssen (dürfen) wir nicht spiegeln. Dass dieses Risiko nicht trivial ist, zeigen die Versuche von Beamten des Justizministeriums unter Präsident George W. Bush nach den Angriffen vom 11. September, »verschärfte Verhörtechniken« wie das *waterboarding* unter Berufung auf eine quasi unbegrenzte Prärogative der Exekutiven zu rechtfertigen.[43] Auch die aktuelle Debatte über den Umgang mit China hat – bei genuin begründeter Sorge – bisweilen hysterische Züge. Von Friedrich Nietzsche stammt der Satz: »Wer mit Ungeheuern kämpft, mag zusehn, daß er nicht dabei zum Ungeheuer wird. Und wenn du lange in einen Abgrund blickst, blickt der Abgrund auch in dich hinein.«[44] Das gilt auch in der Sicherheitspolitik.

Anmerkungen

1 Jürgen Habermas: »Ein Plädoyer für Verhandlungen«, in: *Süddeutsche Zeitung*, 14.02.2023; Alice Schwarzer, Sahra Wagenknecht, Wolfgang Merkel u. v. m.: »Manifest für Frieden«, in: change.org, 10.02.2023; vgl. auch Richard Haass, Charles Kupchan: »The West needs a new strategy in Ukraine«, in: *Foreign Affairs*, 13.04.2023.

2 Claudia von Salzen: »Historiker Schlögel: ›Der Ruf nach Verhandlungen zeugt von völliger Unkenntnis der Lage‹«, in: *Tagesspiegel*, 11.01.2023.

3 Wladimir Putin: »On the historical unity of Ukrainians and Russians«, in: www.en.kremlin.ru, 12.07.2021; siehe auch: »Über die historische Einheit der Russen und der Ukrainer«, übers. von Andrea Huterer, in: *Osteuropa* 7/2021, S. 51–66.

4 Außenministerium der Russischen Föderation: »Press release on Russian draft documents on legal security guarantees from the United States and NATO«, in: mid.ru, 17.12.2021.

5 Fiona Hill, Angela Stent: »The Kremlin's Grand Delusions«, in: *Foreign Affairs*, 15.02.2023.

6 Konrad Schuller: »Frieden mit dem Todfeind«, in: *Frankfurter Allgemeine Zeitung*, 07.05.2022.

7 Jan Werner Müller: *A Dangerous Mind: Carl Schmitt in Post-War European Thought*. New Haven 2003, S. 1. Das Etikett des Kronjuristen stammt von Schmitts einstigem Freund Waldemar Gurian; Müller, S. 40.

8 Carl Schmitt: *Der Begriff des Politischen*. Berlin 1932, S. 26.

9 Schmitt: *Begriff*, S. 31.

10 Carl Schmitt: *Theorie des Partisanen*. Berlin 1963, S. 91–96.

11 Michael Howard: *War and the Liberal Conscience*. New Brunswick 1986, S. 119.

12 John Lewis Gaddis: *The Cold War*. London 2005, S. 27.

13 Jean-Yves le Drian: *Qui est l'Ennemi?* Paris 2016, S. 19.

14 Thomas Wright: *All Measures Short of War*. New Haven 2017, S. 8.

15 The American Presidency Project, George Bush: Address before a Joint Session of the Congress on the Persian Gulf Crisis and the Federal Budget. Washington, DC, 11.09.1990.

16 Robert D. Blackwill, Thomas Wright: »The End of World Order and American Foreign Policy«, in: *Council on Foreign Relations Special Report No. 86*. New York Mai 2020, S. 6.

17 Francis Fukuyama: »The End of History?«, in: *The National Interest* No. 16 (Summer 1989), S. 18.

18 G. John Ikenberry: »The Future of the Liberal World Order: Internationalism After America«, in: *Foreign Affairs* 90, No. 3 (May/June 2011), S. 57.

19 Thomas Bagger: »The World According to Germany: Reassessing 1989«, in: *The Washington Quarterly*, 41:4 (2018), S. 54.

20 Vgl. etwa John Mearsheimer: »Playing With Fire in Ukraine: the Underappreciated Risk of Catastrophic Escalation«, in: *Foreign Affairs*, 17. August 2022; Stephen Walt: »The Conversation about Ukraine is Cracking Apart«, in: *Foreign Policy*, 28.02.2023.
21 Alexander Wendt: *Social Theory of International Politics*. Cambridge 1999, S. 260.
22 Wendt: *Social Theory*, S. 261.
23 Carl Schmitt: *Theorie des Partisanen*. Berlin 1962, S. 91.
24 Bob Kagan: »End of Dreams, Return of History«, in: Melvyn P. Leffler, Jeffrey W. Legro: *To Lead the World: American Strategy after the Bush Doctrine*. Oxford 2008, S. 55.
25 Office of the President: *The National Security Strategy of the United States*. September 2002, S. 2.
26 Robert Zoellick: »Whither China: from Membership to Responsibility«, Rede. New York, 21.09.2005.
27 Le Drian: *Ennemi*, S. 13.
28 Le Drian: *Ennemi*, S. 30.
29 Wright: *All Measures*, S. 173.
30 Office of the President of Russia: »Speech and the following Discussion at the Munich Security Conference«, Rede vonWladimir Putin. München, 10.02.2007.
31 Derek Chollet: *The Long Game: How Obama Defied Washington and Redefined America's Role in the World*. New York 2016, S. 58.
32 Thomas Wright: »The G-20 is Obsolete«, in: *The Atlantic*, 11.07.2017.
33 White House: »National Security Strategy of the United States of America«. Washington, DC, 18.12.2017.
34 Europäische Kommission: »EU-China – Strategische Perspektiven: Gemeinsame Mitteilung an das Europäische Parlament, den Europäischen Rat und den Rat«. Straßburg, 12. März 2019, S. 1.
35 Jeffrey Goldberg: »A Senior White House Official Defines the Trump Doctrine: We're America, Bitch«, in: *The Atlantic*, 11.06.2018.
36 *The Economist:* »The Nero of Mar-a-Lago: Donals Trump's Hold on the Republican Party is Unquestionable«, 18.08.2022.
37 World Health Organization: WHO Coronavirus (COVID-19) Dashboard, www.covid19.who.int (abgerufen am 01.05.2023).
38 The White House: »Renewing America's Advantages: Interim National Security Strategic Guidance«. Washington, DC, März 2021, S. 8.
39 Office of the President of Russia: »Joint Statement of the Russian Federation and the People's Republic of China on the International Relations Entering a New Era and the Global Sustainable Development«. Peking, 04.02.2022.
40 The White House: »National Security Strategy«, 12.10.2022.
41 Vgl. nur Office of the President of Russia: »Valdai International Discussion Club Meeting«, 27.10.2022.
42 Fiona Hill: »Freedom From Fear: A BBC Reith Lecture«. Washington DC, 21.12.2022.
43 Philippe Sands: *Torture Team: Deception, Cruelty, and the Compromise of Law*. London 2008, S. 270.
44 Friedrich Nietzsche: *Jenseits von Gut und Böse*. Leipzig 1886, Aphorismus 146.

WUT AUF DEN WESTEN

MARCO HERACK

Es gibt viele Gründe, warum Revolutionen scheitern. Manche mitten in der Ausführung, andere erst, nachdem sie scheinbaren Erfolg hatten. Im schlimmsten Fall wird der Revolutionär zum neuen Diktator. So ganz genau weiß man nie, warum Revolutionen misslingen. Was man aber weiß, ist, dass ihr Scheitern sehr viel mit Machtstrukturen zu tun hat. Alte Seilschaften und Bünde des Vorherigen verharren auf Posten und innerhalb des Machtapparates. Mal laut, mal leise kämpfen sie, wie in der Ukraine, ihren Kampf weiter, der in seiner Gesamtheit eine Fortsetzung des Kampfes ist, den die Revolutionäre als gewonnen glaubten. Sie beharren auf Korruption, schützen ihresgleichen und korrumpieren dadurch das neue System. Oder sie kreieren durch ihr Handeln einen Antagonisten zum neuen System, der mit dem alten Denken nach Macht strebt und ohne Skrupel seine eigenen Ziele verfolgt.

Ruhollah Chomeini ist dafür ein Musterbeispiel. Seine Revolution des Irans zur »islamischen Republik« in 1979 hatte auch deswegen Erfolg, weil er das damals bestehende System auslöschte. Generäle wurden ermordet. Die staatlichen Strukturen wurden »gesäubert«. Eine neue Verfassung beseitigte das vorherige Rechtsdenken. Die skrupellose Schnelligkeit, mit der die neue »Ordnung« umgesetzt wurde, bereitete den Boden für einen Neuaufbau nach Chomeinis

Gusto. Es war ein Akt der Zerstörung aller bestehenden Strukturen. Geprägt von Folter, Unterdrückung und Mord. Das neue Machtsystem existiert nun seit 44 Jahren.

Vor diesem Hintergrund werden deutsche Diskurse sehr rätselhaft. Die »friedliche Revolution« von 1989 bis 1990 war das Gegenteil dessen, was dem Iran passiert ist. Die Menschen gingen demonstrieren und erreichten einen Regierungswechsel, der in einem Systemwechsel mündete. Die DDR strebte nach Demokratie und vereinigte sich anschließend mit der BRD. Die Verbrechen während der DDR-Zeit wurden zumindest versucht aufzuklären und einer Aufarbeitung zugeführt. Die staatlichen Strukturen wurden ohne Gewalt vernichtet, indem sie gemäß den Gepflogenheiten der BRD umgebaut wurden. Das galt für das Personal wie für das Recht. Es gab Geld für den Wiederaufbau, und es gab Arbeitslosigkeit.

Niemand bestreitet, dass es viele Probleme gab. Menschen wurden oftmals keine Perspektiven geboten, man hat sie nach rein westlichem Gusto verwaltet. Das Ergebnis der Treuhand ist bis heute umstritten. Wirkmächtiger als die Wahrheit einer abgewrackten DDR-Wirtschaft ist vielleicht auf alle Ewigkeit das Gefühl, dass manche damit noch unlauter Geld verdient haben. Viele Menschen verließen den Osten, um eine Zukunft im Westen zu finden. Die Wiedervereinigung war für den Osten ein Umwerfen aller Wahrheiten und eine Vernichtung aller Strukturen. Das alles lief ohne Mord und Totschlag im Sinne einer Bereinigung des Machtsystems ab.

Doch nach Wertschätzung sucht man vergebens. Stattdessen dominiert im Osten der Republik eine Nostalgie über vermeintliche Alternativen und eine »Wut auf den Westen«. Man fühlt sich als Deutsche zweiter Klasse, benachteiligt gegenüber Menschen, die aus Diktaturen nach Deutschland flüchten. Ohnehin, so die neueste Volte, sei der Ostdeutsche eine behauptete und negativ konnotierte Identität (der Medien und der Wessis).

Ostdeutsche Identitäten sind nicht mein Lieblingsfeind. Das Wort ist eindeutig zu stark. Doch sollten wir selbst geschaffene Identitäten besonders intensiv hinterfragen. Das Leben in der DDR und seine Aufarbeitung hätte auch dazu führen können, dass man aus dem Osten Deutschlands heraus Diktaturen mit einem klareren Blick und instinktiver Ablehnung begegnet. Das Erleben einer friedlichen Revolution ist ein Privileg. Dieses Privileg ermöglichte das Erleben und Schaffen einer Gesellschaft, die eine persönliche Entfaltung ermöglicht. Etwas, das in der DDR schon Kindern genommen wurde. Diese Chance entgegen allen Wahrscheinlichkeiten von Revolutionen schafft eine Verantwortung für die Zukunft. Nicht nur, diese Freiheit zu erhalten, sondern auch, sie zu gestalten.

Die Autoren und Autorinnen

Helene Bubrowski, geb. 1981, ist Politikkorrespondentin der *Frankfurter Allgemeinen Zeitung* in der Parlamentsredaktion in Berlin, zuständig für Innen- und Rechtspolitik. Zuletzt erschien *Die Fehlbaren.*

Peter Felixberger, geb. 1960, ist Programmgeschäftsführer der Murmann Publishers und einer der Herausgeber des *Kursbuchs.* Seine Bücher erschienen bei Hanser, Campus, Passagen und Murmann. Dort auch sein wichtigstes: *Wie gerecht ist die Gerechtigkeit?*

Berit Glanz, geb. 1982, lebt als Autorin und Literaturwissenschaftlerin in Island. Zuletzt erschien *Filter. Digitale Bildkulturen.*

Marco Herack, geb. 1980 in Ostberlin, ist Podcaster und Autor mit dem Schwerpunkt Wirtschaft und Außenpolitik.

Nicole C. Karafyllis, geb. 1970, ist Professorin für Philosophie an der Technischen Universität Braunschweig. Zuletzt erschien die historisch-kritische Kommentierung und Herausgabe von *José Gaos: Filosofía de la Técnica* (mit María Antonia González Valerio).

Heike Littger, geb. 1969, ist freie Journalistin, Autorin und Buchlektorin. Zuvor Redakteurin und Ressortleiterin bei der *Süddeutschen Zeitung, Max, enorm* und dem Online-Magazin *changeX.*

Herfried Münkler, geb. 1951, ist emeritierter Professor für Politikwissenschaften. Zuletzt erschien *Die Zukunft der Demokratie.*

Sven Murmann, geb. 1967, ist Unternehmer und Verleger in Hamburg sowie Gründer der Kursbuch Kulturstiftung.

Armin Nassehi, geb. 1960, ist Soziologieprofessor an der Ludwig-Maximilians-Universität München und Herausgeber des *Kursbuchs.* In diesem Jahr erscheint *Gesellschaftliche Grundbegriffe. Ein Glossar der öffentlichen Rede.*

Ulv Philipper, geb. 1963, lebt und arbeitet als Unternehmer von Wolflogik Coaching im westfälischen Lippetal. Zuletzt erschien *Dog Experience.*

Josef H. Reichholf, geb. 1945, ist Zoologe und gehört zusammen mit Bernhard Grzimek und Horst Stern zu den Gründungsvätern des heutigen Bundes für Umwelt und Naturschutz Deutschland (BUND). Zuletzt erschien *Der Hund und sein Mensch. Wie der Hund sich und uns domestizierte.*

Jan Schwochow, geb. 1968, ist freier Infografiker, Journalist und Publizist. Sein Handwerk lernte er bei den Magazinen *Stern* und *Max* sowie der Berliner Agentur KircherBurkhardt. Bis 2019 Gründer und Leiter der Agentur Golden Section Graphics in Berlin (heute Sapera). Zuletzt erschien *Die Welt verstehen mit 264 Infografiken.*

Haya Shulman, geb. 1979, ist Professorin für Cybersicherheit am Institut für Informatik der Goethe-Universität Frankfurt am Main, Abteilungsleiterin am Fraunhofer-Institut für Sichere Informationstechnologie SIT in Darmstadt und Mitglied im Direktorium des Nationalen Forschungszentrums für angewandte Cybersicherheit ATHENE.

Constanze Stelzenmüller, geb. 1962, ist Leiterin *Center on the U.S. and Europe* an der Brookings Institution und *Fritz Stern Chair on Germany and trans-Atlantic relations* in Washington. Als Buch erscheint demnächst *Die freie Welt und ihre Feinde* (2024).

Timo Storck, geb. 1980, ist Psychoanalytiker und Professor für Klinische Psychologie und Psychotherapie an der Psychologischen Hochschule Berlin. Ab Oktober tritt er ein Stipendium am Käte Hamburger Centre for Apocalyptic and Postapocalyptic Studies an der Universität Heidelberg an. Zuletzt erschien *Konzeptuelle Kompetenz in der Psychotherapie.*

Natan Sznaider, geb. 1954, ist Professor für Soziologie an der Akademischen Hochschule in Tel Aviv. Zuletzt erschien *Fluchtpunkte der Erinnerung.*

Peter Unfried, geb. 1963, ist Sozialökologe, Chefreporter der *taz* und Chefredakteur von *taz FUTURZWEI, Magazin für Zukunft und Politik.* Zuletzt erschien *Wann regnet es endlich?* im Kursbuch 202.

Michael Waidner, geb. 1961, ist Professor für Sicherheit in der Informationstechnologie am Fachbereich Informatik der Technischen Universität Darmstadt, Leiter des Fraunhofer-Instituts für Sichere Informationstechnologie SIT und CEO des Nationalen Forschungszentrums für angewandte Cybersicherheit ATHENE.